权威·前沿·原创

皮书系列为
"十二五""十三五"国家重点图书出版规划项目

贵州蓝皮书

贵州国有企业社会责任发展报告
（2017~2018）

ANNUAL REPORT ON DEVELOPMENT OF STATE-OWNED
ENTERPRISES SOCIAL REPONSIBILITY IN GUIZHOU (2017-2018)

主　编／郭　丽
副主编／庞　斌　包　毅

社会科学文献出版社
SOCIAL SCIENCES ACADEMIC PRESS (CHINA)

图书在版编目(CIP)数据

贵州国有企业社会责任发展报告.2017~2018/郭丽主编.——北京：社会科学文献出版社，2018.10
（贵州蓝皮书）
ISBN 978-7-5201-3426-2

Ⅰ.①贵… Ⅱ.①郭… Ⅲ.①国有企业-企业责任-社会责任-研究报告-贵州-2017-2018 Ⅳ.①F279.277.3

中国版本图书馆CIP数据核字（2018）第209895号

贵州蓝皮书
贵州国有企业社会责任发展报告（2017~2018）

主　　编／郭　丽
副主编／庞　斌　包　毅

出 版 人／谢寿光
项目统筹／邓泳红　陈　颖
责任编辑／薛铭洁　周爱民

出　　版／社会科学文献出版社·皮书出版分社（010）59367127
　　　　　地址：北京市北三环中路甲29号院华龙大厦　邮编：100029
　　　　　网址：www.ssap.com.cn

发　　行／市场营销中心（010）59367081　59367018
印　　装／三河市龙林印务有限公司

规　　格／开　本：787mm×1092mm　1/16
　　　　　印　张：13.25　字　数：150千字
版　　次／2018年10月第1版　2018年10月第1次印刷
书　　号／ISBN 978-7-5201-3426-2
定　　价／98.00元

皮书序列号／PSN B-2015-511-6/12

本书如有印装质量问题，请与读者服务中心（010-59367028）联系

▲ 版权所有 翻印必究

《贵州蓝皮书·国有企业社会责任》
编纂领导小组

组　长　吴大华　贵州省社会科学院院长、研究员、博士后

成　员　汪家强　贵州省经济和信息化委员会、总工程师
　　　　　陈亮贵　贵州省国有资产监督管理委员会、党委副书记

《贵州蓝皮书·国有企业社会责任（2017～2018）》编委会

主　　编　郭　丽

副 主 编　庞　斌　包　毅

编　　委　田景洲　黎　煌　陈　画　戴卫华

本书作者　（以姓氏笔画排列）

　　　　　　刘舜青　许　峰　杨红英　李德生　吴月冠

　　　　　　张云峰　林　俐　罗　凡　周钥明　周鹋飞

　　　　　　赵燕燕　贾梦嫣　郭　丽　谢忠文

主要编撰者简介

郭　丽　贵州省社会科学院党建研究所所长、研究员、省委宣传部"四个一批"人才。研究方向：国有企业社会责任、基层党建研究。参与完成国家社科基金重点课题子项目《中国百县市基金社会调查·遵义卷汇川区卷》；主持完成省长基金课题"贵州省农村公共产品供给新体制研究"、省招标课题"贵州省'整脏治乱'法规政策研究"2项，横向课题研究16项。出版专著1本，《贵州省加强换届后县级领导班子建设研究》；主编5本，《贵州国有企业社会责任发展报告（2014）》《贵州国有企业社会责任发展报告（2014~2015）》《贵州国有企业社会责任发展报告（2015~2016）》《贵州国有企业社会责任发展报告（2016~2017）》《谱写"中国梦"贵州篇章实践与探索》；参与编撰3本，《全面从严治党——贵州的学习研究与实践》《长征路上的新长征》《中国共产党成立90周年理论研讨会论文集》。在省级以上公开刊物发表文章近40篇。

摘　要

2017年，中国共产党第十九次代表大会胜利召开，明确了习近平新时代中国特色社会主义思想是社会主义建设新的指导思想。贵州省坚持以习近平新时代中国特色社会主义思想为指导，认真贯彻落实中央和省委决策部署，统筹推进"五位一体"总体布局、协调推进"四个全面"战略布局，落实新发展理念，守好发展和生态两条底线，大力实施主基调主战略，强力推进大扶贫、大数据、大生态三大战略行动，主动适应新常态、积极应对新挑战、有效化解新矛盾，经济社会发展取得显著成绩，站在了新起点、迈入了新阶段、走进了新时代！

2017年，贵州省按照习近平总书记的守好发展和生态两条底线的殷殷嘱托，创新发展思路，发挥后发优势，决战脱贫攻坚，决胜同步小康，续写新时代贵州发展新篇章，根据百姓富、生态美的多彩贵州新未来的总体要求，贵州省国有企业在大扶贫、大生态、大数据三大战略中，发挥了"排头兵"和"先锋队"的作用，国有企业在经济建设、脱贫攻坚、生态治理、大数据建设中起到模范带头作用。

本书分为总报告、分报告、区域篇、案例篇、专题篇和大事记六个部分。总报告：对2017年国有企业履行社会责任进行全面系统梳理，掌握国有企业社会责任形势，分析其中存在的问题，提出加强国有企业履行社会责任的对策建议,并预测2018年国有企业社会责任发展趋势。分报告:在贵州实施三大战略背景下,发展仍是国有企业履行社会责任最重要的任务和基础,生态建设是国有企业贯彻绿色发展理念、履行大生态战略的实践探索,文化建设是国有企业可持续发展永恒的内动力和强劲力量。区域篇:选择遵义、安顺、铜仁三个市作为样本分析,详细描述三个市国有企业的总体情况及履行社会责任的情况,指出履行社会责任的困境与问题,分析得出市州国有企业履行社会责任的对策建议。案例篇:选择贵州省综合实力名列前三的企业——茅台集团、开磷集团和瓮福集团作为样本分析,对三家企业在经济转型、绿色发展和大数据方面进行详细调研,将三家贵州国有企业履行社会责任的典型代表做出分析,分析履行社会责任中的主要做法、存在的问题及对策建议、发展趋势等。专题篇:选择龙里县部分公务员和企业代表,茅台集团、瓮福集团和开磷集团三家企业的社会责任部门负责人,作为抽样调查样本进行问卷调查,将调查结果分析得出的理论文章,以及其他作者对近几年国有企业责任所思及所想,对国有企业履行社会责任提出自己相应的观点和看法。大事记:对贵州国有企业履行社会责任的重大活动予以记录,真实记载国有企业社会责任的历史脉络和发展历程。

2017年,贵州省国有企业社会责任履行在脱贫攻坚主战场上写下具有划时代浓墨重彩的一笔,吹响了贵州省三大战略实施的"冲锋号",为贵州省三大战略实施增添了历史的厚重积淀。

Abstract

The 19th National Congress of the CPC was held in 2017, on which it was established that Xi Jinping's Thought on Socialism with Chinese Characteristics for a New Era was the new guidance in the development of socialism. Following such guidance, Guizhou has been implementing the decisions and arrangements by the Central Committee and provincial committee of the CPC. The overall layout concerning development in five aspects and strategic layout concerning four aspects has been promoted. We have also conducted the relevant according to the development concepts while holding on to the two bottom lines of development and environment protection, and to reform of the supply front. We have been adapting to new normal, facing new challenges and coping with new contradictions. Significant achievement has been made and we have entered a new development phase.

In the year 2017, following the instruction by Secretary General Xi Jinping concerning the two bottom lines of development and environment protection, Guizhou made great effort in poverty alleviation and construction of a well-off society. SOEs in Guizhou has pioneered in such areas as economy development, poverty alleviation, environment protection and development big data industry.

The Blue Book is composed of 6 parts including a general report, 3 sub-reports, 3 regional reports, several case reports, special reports and memorabilia. The general report delivers a comprehensive analysis on the performance of social responsibility of the SOEs in 2017, then discusses the existing issues and puts forward the relevant suggestion and prediction. The sub-reports suggest that development is still the primary task of the SOEs and provides foundation to their performance of social duties. Ecological advancement is critical to the practice of green development and cultural development provides the SOEs with endogenous power. The regional reports, taking Zunyi, Anshun and Tongren as examples, demonstrates the overall situation and issues of the SOEs in performing their social responsibilities, and then puts forward the relevant suggestions. The case reports, sampled from such corporate groups as Maotai, Wengfu and Kailin, studies the achievement in the aspects including economic upgrading, green development and big data development. And the analysis concerning practice, problem, countermeasures and predictions are made within. The special reports include a questionnaire survey and some thinking on social responsibility of SOEs. The memorabilia record the major activities in the relevant field.

Significant progress was made concerning poverty alleviation in the performance of social responsibilities of the SOEs in Guizhou in 2017, which plays an active role in the implementation of the three strategies in Guizhou.

目 录

Ⅰ 总报告

B.1 2017~2018年贵州省国有企业社会责任形势分析与预测
.... 郭　丽　周鹏飞 / 001
　一　2017年贵州省国有企业社会责任履行
　　　情况分析 .... / 002
　二　贵州省国有企业履行社会责任中存在的
　　　主要问题 .... / 010
　三　加强贵州省国有企业履行社会责任的
　　　对策建议 .... / 014
　四　2019年贵州省国有企业社会责任建设形势
　　　分析预测 .... / 017

Ⅱ 分报告

B.2 2017年贵州省国有企业经济责任分析报告
.... 刘舜青　林　俐 / 020

001

B.3　2017年贵州省国有企业生态责任发展报告
　　………………………………………………………… 吴月冠 / 038

B.4　2017年贵州省国有企业文化建设责任报告
　　………………………………………………………… 张云峰 / 052

Ⅲ　区域篇

B.5　2017年遵义市国有企业社会责任发展报告
　　……………………………… 周芳苓　郭　飞　杨春香 / 074

B.6　2017年安顺市国有企业社会责任发展报告
　　………………………………………………………… 谢忠文 / 091

B.7　2017年铜仁市国有企业社会责任发展报告
　　………………………………………………………… 李德生 / 106

Ⅳ　案例篇

B.8　2017年贵州茅台集团社会责任发展报告
　　………………………………………………… 许　峰　罗　凡 / 116

B.9　2017年贵州开磷控股集团社会责任发展报告
　　………………………………………………………… 周钥明 / 128

B.10　2017年贵州瓮福集团社会责任发展报告
　　………………………………………………………… 赵燕燕 / 138

Ⅴ　专题篇

B.11　2017年贵州省国有企业社会责任问卷调查分析与思考
　　——基于茅台集团、开磷集团、瓮福集团
　　　　问卷分析 ……………………… 郭　丽　周鹏飞 / 152

B.12 扶贫先扶智
　　——基于贵州省国有企业智力扶贫的思考
　　…………………………………………………… 张云峰 / 163

Ⅵ 大事记

B.13 2017年贵州省国有企业社会责任大事记
　　…………………………………………………… 贾梦嫣 / 179

后　记 ………………………………………………………… / 191

皮书数据库阅读**使用指南**

CONTENTS

I General Report

B.1 Situation Analysis and Prediction of Social Responsibility Development of State-owned Enterprises (SOEs) in Guizhou 2017~2018　　　　　　　　　*Guo Li, Zhou Lifei* / 001

　　1. *Situation Analysis on Social Responsibility Performance of SOEs in Guizhou 2017*　　　　　　　　　　　　　　　　　　　　　/ 002

　　2. *Major Issues in Social Responsibility Performance of SOEs in Guizhou*　　　　　　　　　　　　　　　　　　　　　　　　　/ 010

　　3. *Suggestions on Strengthening the Social Responsibility of State Owned Enterprises in Guizhou*　　　　　　　　　　　　　　　　　/ 014

　　4. *Analysis and Prediction of Social Responsibility Performance of SOEs in Guizhou in 2018*　　　　　　　　　　　　　　　　　　/ 017

II Sub-report

B.2 Analysis Report on Major Economy Resporsibility State-owned Economy in Guizhou in 2017　　　　　　　*Liu Shunqing, Lin Li* / 020

B.3 Report on Ecological Responsibility Development of SOEs in Guizhou in 2017　　　　　　　　　　　　　　　*Wu Yueguan* / 038

CONTENTS

B.4 Report on SOEs' Performance of Responsibility on Corporate Culture Development in Guizhou in 2017   *Zhang Yunfeng* / 052

III   Regional Report

B.5 Report on Social Responsibility Development of SOEs in Zunyi in 2017   *Zhou Fangling, Guo Fei and Yang Chunxiang* / 074

B.6 Report on Social Responsibility Development of SOEs in Anshun in 2017   *Xie Zhongwen* / 091

B.7 Report on Social Responsibility Development of SOEs in Tongren in 2017   *Li Desheng* / 106

IV   Case Report

B.8 Report on Social Responsibility Development of Kweichow Moutai Co., Ltd in 2017   *Xu Feng, Luo Fan* / 116

B.9 Report on Social Responsibility Development of Guizhou Kailin Holdings (Group) Co., Ltd in 2017   *Zhou Yueming* / 128

B.10 Report on Social Responsibility Development of Guizhou Wengfu (Group) Co., Ltd in 2017   *Zhao Yanyan* / 138

V   Special Report

B.11 Survey on Performance of Social Responsibility of SOEs in Guizhou in 2017
—a Case Study on Moutai, Wengfu and Kailin Corporate Groups   *Guo Li, Zhou Lifei* / 152

B.12 Intellectual Investment in Poverty Alleviation
—Some Thinking on the Practice of SOEs in Guizhou   *Zhang Yunfeng* / 163

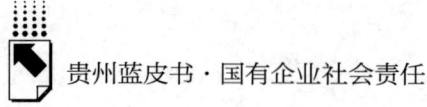

贵州蓝皮书·国有企业社会责任

VI Memorabilia

B.13 Major Events and Activities Regarding Social Responsibility of State-owned Enterprises in Guizhou in 2017 *Jia Mengyan* / 179

总报告
General Report

B.1
2017~2018年贵州省国有企业社会责任形势分析与预测

郭丽 周鹏飞*

摘　要： 贵州省国有企业在习近平新时代中国特色社会主义思想及习近平总书记在和贵州省代表团座谈会上重要讲话精神的指引下，大力培育和弘扬团结奋进、拼搏创新、苦干实干、后发赶超的精神，守好发展和生态两条底线，创新发展思路，发挥后发优势，决战脱贫攻坚，决胜同步小康，续写新时代贵州发展新篇章，并在新发展理念

---
* 郭丽，贵州省社会科学院党建研究所所长、研究员；周鹏飞，贵州省财经大学讲师。

的指导下，坚持以经济建设、脱贫攻坚、生态建设为主线，加大脱贫攻坚帮扶力度，更加重视生态建设，实现了企业盈利与履行社会责任的有机统一、政治责任与社会责任的有机统一、直接履行与间接履行的有机统一。

关键词： 国有企业　社会责任　贵州

一　2017年贵州省国有企业社会责任履行情况分析

贵州省国有企业坚持新发展理念，坚持守好发展与生态两条底线，大力实施主基调主战略，强力推进大扶贫、大数据、大生态三大战略行动，主动适应新常态、积极应对新挑战。贵州省国有企业在经济责任、扶贫攻坚、生态建设、提质增效、创新发展等方面，发挥重要作用。

（一）国有企业改革更加深化　社会责任履行能力不断加强

贵州省国有企业以习近平新时代中国特色社会主义思想为指引，在省委省政府的坚强领导下，围绕提质增效、供给侧结构性改革、强化国企国资监管等重点工作发力攻坚。一是坚持以提高质量和效益为中心，把深化提质增效工作与监管企业负责人经营业绩考核相衔接，坚持考核结果和经济效益与企业负责人薪酬、职工工资总额挂钩。加强成本管控，建立目标明确、责任清晰、考核严格、奖惩落实的成本管理责任制，实现营业成本增幅低于营业收入增幅。督促监管企业聚焦主营业务，将主营业务与"千企改造"相结合，促进监管企业做强做优做大。优化对各企业的管理，把监管重点放在提升竞争力、控制辅业占用资源比例和监管企业投资项目等清单上，指导企业围绕全省大扶贫、大数据、大生态发展战略谋划一批大项目和好项目。以深化"十项重点改革"① 为基础，深入开展"僵尸企业"清理，大力压缩企业管理层级，27户监管企业下属子公司已清理"僵尸企业"39家。二是以供给侧结构性改革为主线。加大科技创新和成果转化。国有企业用好贵州省实施的"千企引进""千企改造""双培育"等行动计划，鼓励监管企业加强关键核心技术研发，加快科技创新投入，促进科技成果转化，努力提高企业核心竞争力。到目前共有7户企业16项科技成果转化，转化率为100%。一批新研发项目和成果转化项目获得省科技进步奖，成功开发全球最大直径钢丝绳，解决了目前国内260毫米以上超大直径钢丝绳生产的技术难题，填补了国内空白。精细化工产品及配套缓控释肥、黄磷节能环保磷电化一体化、煤炭地下气化开采试验等一批先进生产力项目建成运行。加大培育发展新动能。积极推进监管企业利用大数据、"互联网+"等新技术创新生产方式和运行机制，大力推进产品创新、管理创新、商业模式创新。围绕全省发展战略推进国有经济布局结构调整，集中力量打造一批主

---

① 十项重点改革：加快深化投资项目承诺制改革，深化行政审批委托制改革，深化营商便利化改革，推进国资国企改革，开展乡村振兴综合改革试点，开展"数字政府"综合改革试点，深化医药卫生体制改革，加快推进群团改革，深化党的基层组织建设制度改革，深化人才发展体制机制改革。

业突出、核心竞争力强,具有战略基础作用、重要支撑作用和领头羊作用的大企业集团,形成贵州国有资本的"四梁八柱"。研究并制定《省国资委关于加快监管企业上市工作方案》,对监管企业所属公司上市种子企业进行摸排,确定12户企业作为上市重点扶持、重点培育、重点辅导对象,明确推进时间表、路线图,做到梯次开发、动态推进,已实现江苏开磷瑞阳和贵州能源两户企业新三板挂牌,并转入主板上市申报准备阶段。混合所有制改革、混合所有制员工持股、"两类公司"改革、专职外部董事、市场化选聘经营管理者、职业经理人、企业薪酬分配差异化改革、信息公开等试点工作向纵深推进。成功实施了特困企业六枝工矿的债转股,成为全省市场化、法制化债转股第一单。企业资产负债率从超过100%降到35%以下,债务负担和财务费用大幅下降,促进了企业轻装上阵,形成了多元化的股权结构。三是注重风险防范。研究并制定了《贵州省国资委监管企业重大经营风险监管工作规程》,建立健全了监管企业风险防控监管机制。严防法律风险,严格控制监管企业对外提供融资贷款担保行为,审核企业担保事项17件,涉及金额约149亿元。调处监管企业法律纠纷20起,直接涉案金额约17亿元,一批对监管企业影响严重、涉案标的巨大的案件得以妥善解决,避免和挽回经济损失约9亿元。对监管企业改革改制涉及"引战"谈判、协议审核、增资扩股等重要事项,严格进行法律审核把关,有效防范了法律风险。严防债务风险,规范监管企业融资行为,对违规融资性贸易坚持零容忍,坚决严肃整治。加强负债规模和资产负债率双重管控,有效降低企业负债和杠杆水平。

2017年贵州省地区生产总值达到13540.83亿元,同比增长

10.2%，比全国水平6.9%高出3.3个百分点。贵州省国资委27户监管企业实现营业收入、利润总额、增加值分别为3428.52亿元、439.12亿元、1153.81亿元，同比分别增长21.4%、56.4%和31.6%；年末资产总额6374.28亿元，所有者权益2484.88亿元，同比分别增长13.9%、16.6%。其中，18户独资及控股企业实现营业收入、利润总额、增加值分别为2372.36亿元、426.76亿元、876.64亿元，同比分别增长19.9%、61.2%和40%；年末资产总额4304.69亿元，所有者权益2090.97亿元，同比分别增长12.4%、18.0%。监管企业主要经济指标创近五年来最好水平，发展朝着更高质量、更有效率、更可持续的方向迈进。

（二）国企资本管理水平更加提高　国有企业监管新规不断呈现

一是着力掌握国有企业实情。贵州省国资委先后对27户监管企业以及全省2443户国有企业开展了全面深入的调查摸底，深入了解掌握每户企业的组织架构、治理结构、资产财务、债权债务、业务板块、规划发展、投融资、企业管理、党的建设等情况，分析每户企业改革发展中存在的主要问题及原因，一企一策把脉问诊，提出措施，形成调查摸底情况报告报给省政府。二是着力构建国资国企监管新体系。切实转换国企国资监管职能，着力夯实监管基础，构建"1+10"国资监管机制，为全省国资国企监管立标准、定规矩；以内部职能调整为契机，重新定位国资国企监管职能职责。研究并起草了《关于加强和改进全省国资国企监管工作的指导意见》，精准定位了国资监管机构和履行出资人职责机构的职能职责,明确了监管重点和监管方式,对"管什么""怎么管"等核心问题进行了统一规范。同时,结合监管企业实际,建立了规划项目投资监管、债权债务监管、财务监督、生产经营监管、风险防控、分类监管、企业负责人履职情况监管、监事会监督、党建工作管理、信息化监管10项机制,初步形成了"1+10"的监管制度体系。三是全面实施监管新手段。对重大项目建设、投融资、担保、改革改制等事项,严格可行性论证和风险评估,对企业违规经营行为严肃问责、督促企业严格整改。组织对省国资委现行有效的91份规范性文件进行总体评估,实施立、改、废,进一步织牢织密国资国企监管制度"安全网"。四是改进监事会监督。加强和改进外派监事会制度。五是调整优化内设机构。按照国资国企改革方向,把内设机构调整和职能优化作为国资国企改革的重要环节,结合建立完善国资委监管体制的需要,国资委机关新设1个处室,撤销1个处室,更名5个处室,在机构调整的同时,对各处室的职能进行相应优化。同步抓企业党委制度建设,73户企业共建立完善议事决策规则202则、工作制度756项。

(三)履行社会责任意识更加自觉　履行社会责任行为更加坚定

2017年,贵州省贫困人口为280万人,脱贫攻坚任务仍十分严峻。随着贵州省2020年与全国同步小康社会进程的加快,国有企业认真贯彻省委、省政府大扶贫战略,自觉融入脱贫攻坚中心任务中去。国有企业按照"县企合作、互利共赢、同步小康"的原则，发挥国有企业自身主营业务营收和资源优势、技术优势，帮助扶贫县建设基础设施、发展主导产业、增加和解决就业。在2016年12个国有企业帮扶12个贫困县的基础上，贵州省人民政府又新增6个国有企业帮扶6个重点贫困县，从而实现18家国有企业结对帮扶18个重点贫困县、国有企业结对帮扶14个深度贫困县的全覆盖。18户国有企业共向结对帮扶县直接投入资金5.6亿元，协助引进项目272个，帮助引进各类资金6.88亿元，举办培训班2897期，培训党政干部、技术人员、致富带头人等共12.5万人次，逐步成为贵州省脱贫攻坚战场上的"主心骨"，为贵州省脱贫攻坚中心任务做出贡献，为2020年同步小康奠定坚实基础。

《贵州国有企业社会责任发展报告》课题组专门针对茅台酒厂集团有限责任公司、贵州开磷控股集团有限责任公司、瓮福集团有限责任公司三家大型国有企业随机抽样的（121份）问卷调查显示，三家国有企业对企业履行社会责任的知晓率很高，国有企业员工对社会责任表示"了解"的比例为10.7%；"比较了解"的比例为41%；"一般了解"的比例为45.1%。这一结果表明，三家国有企业员工对企业履行社会责任的知晓率很高，认同感也很高，国有企业履行社会责任的自觉性增强，履行社会责任的行为更加坚定。

（四）国有企业环保意识突出　国有企业环境治理成效明显

贵州省国有企业以贯彻落实《绿色制造工程实施指南（2016~2020年）》、《工业绿色发展规划（2016~2020年）》和

《绿色制造标准体系建设指南》为目标，认真贯彻省委、省政府大生态战略，全面推行绿色制造战略任务，培育制造业竞争新优势，培育行业、区域标杆企业，推广优秀企业社会责任实践行动。一是环保意识强烈，政治站位高。在生态文明建设大背景下，国有企业如何处理好发展与环境保护的关系，将企业废渣变废为宝是每个企业生存和发展面临的重大课题。贵州省国有企业牢固树立环境保护理念，充分认识环境保护不仅是国有企业的职责和使命，而且是国有企业生存与发展的趋势，国有企业加大投入治理污染。二是生态日建立。自2017年起，贵州省将每年6月18日设立为"贵州生态日"，这对国有企业乃至每个人都是一种鞭策与激励，对国有企业增强环保意识更是起到警醒作用。三是突出责任落实。建立健全安全环保、稳定工作的领导体系、工作体系和责任体系，成立省国资委安全环保指挥部，负责指挥落实省国资委监管企业防汛抗洪、安全生产、环境保护、维护稳定等工作。贵州省国资委领导都对联系服务企业建立了安全环保包保制度，压实工作责任。坚持国资监管工作与环保工作同部署、同落实。在每年召开的监管企业负责人会议上，把生态环境保护与国资监管工作共同部署，要求国有企业带头做示范，及时下发通知，对监管企业落实生态环境保护工作要求实行全覆盖、全督导，推动企业扎实开展生态环保工作。四是建立完善环保制度。建立不定期环保会议制度；建立省委领导班子成员联席和督导监管企业生态环境保护工作制度，制定并下发《贵州省国资委监管企业负责人经营业绩考核办法》；建立不定期巡查制度以及专项督察制度。五是推进环保工作有序整改。在落实省十大污染源治理、十大行业治污减排的整改中，涉及的 4 户企业 10 项整改任务全部完成；在落实中央环保督察中针对涉及 3 户企业的 5 个整改问题，认真制定了 36 项整改措施，并强化了整改清单化调度，已完成 32 项整改任务。

（五）国有企业维护社会稳定成效显著　文化建设助推企业健康发展

贵州省国有企业按照"百日攻坚战""五个专项治理"行动要求，监管企业进一步压实首接首办责任制，在第一时间、第一地点把群众反映的问题化解稳控到位，实现由"救火"向"防火"转变，实现了把矛盾化解在基层、消灭在萌芽状态，保持了监管企业的大局稳定。2017 年，省国资委共接访 89 起，860 余人次（其中 5 次群访，接访 700 余人），处理信访件 92 件，排查矛盾纠纷隐患 17 个，妥善处置了部分监管企业的积案、难案难题。为企业离退休及军转干部发放各类生活补助金 3500 余万元。为此，贵州省国资委被贵州省委评定为十九大维稳安保工作先进单位、党的十九大反恐工作先进集体。

文化是一个国家的灵魂，也是一个企业生存和发展的灵魂。文化自信是更基础、更广泛和更深厚的自信。国有企业是国民经济支柱，在中华民族伟大复兴过程中地位和作用明显，肩负的社会责任重大，企业文化是国有企业健康持续快速发展和履行责任及义务的文化根基。企业文化是企业在生产销售等一系列过程中形成的目标、价值标准、基本理念和行为规范综合而成的，并得到多数成员遵循，是凝聚人心、融洽气氛、团结意识、坚定信念的必要保障，是企业可持续发展智力源泉和管理的重要内容之一。贵州省国有企业利用学习党的十九大精神为契机，省国资委及各企业领导干部开展集中宣讲1337场次，各企业组建宣讲团1021个，举办各类宣讲9831场次，宣讲受众达43.5万人次。

（六）国有企业队伍建设成效突出　国有企业健康发展打牢基础

推进党的领导与公司治理有机融合。坚持和完善"双向进入、交叉任职"的企业领导体制，19户管理班子企业中有16户实现党委书记、董事长一肩挑，党委委员进入董事会、经理层114人，占董事会、经理层人员的77%，为党组织作用在决策层、执行层、监督层都能得到有效发挥提供了体制保障。按照党组织在治理结构中单独一章的形式，督促指导26户监管企业把党建工作要求纳入企业章程，明确了党组织在治理结构中的法定地位。

二　贵州省国有企业履行社会责任中存在的主要问题

贵州省国有企业在转型升级和绿色发展理念中深化改革、提质增效、完善政府领导体制、健全完善制度，在国有资产保值增值、保护生态环境与资源循环利用、以产业助推脱贫攻坚、促进地方经济发展等社会责任履行方面均取得了积极成效，树立了良好的社会形象。但是，贵州省国有企业社会责任建设在具体实践中仍面临着一些问题和难题。

（一）国有企业发展仍困难重重 社会责任履职能力"心有余力不足"

经济运行良好是国有企业社会责任履行的经济基础和前提，也是社会责任履行能力的重要保障。贵州省国有企业目前面临很多困难，一是转型升级慢。贵州省国有企业大多属于资源型、劳动密集型和污染较严重的传统重工业行业，底子薄，"大而全"问题依然存在，而化解传统产业的过剩产能、处置"僵尸企业"的面积大，扭亏增盈任务繁重。二是盈利能力不强。国有资本布局不优，主要布局在传统产业和价值链的低端，结构层次偏低，产业集中度不高，盈利能力不够强。三是科技创新能力不强。科技创新是企业可持续发展的最有力的支点，国有企业对科技创新的重视程度不够、投入不足。四是一些企业经营管理不善，生产经营相当困难，债务包袱重，脱困压力大。五是一些企业发展潜力很大，但现有体制机制制约了企业的迅速发展壮大。六是部分企业自身改革动力不足，等、靠、要思想严重，依靠自身改革脱困发展意愿不强、能力不足、办法不多。从实践中社会责任履行情况来看，仍然是贵州茅台集团、瓮福集团、开磷集团等知名企业具备良好的社会责任履行能力，绝大多数企业均属于中小型企业，经营发展状况并不乐观，缺乏良好的社会责任履行能力。

（二）市州国有企业社会责任不明晰 社会责任履职理解不统一

市州国有企业履行社会责任主要是国有资产保值增值的同时，围绕中央和省委省政府的中心任务进行履职，当前主要是脱贫攻坚和生态治理，同时撬动社会资本融资参与到社会责任履行中去，为促进市州经济社会发展起到积极作用。省经信委、省国资委、省人社厅、省商务厅、省环保厅、省质监局、省工商局、省安监局、省食药监局、省国税局、省地税局、省总工会、中国证监会贵州监管局、省工商联、省工业与知识经济联合会联合发布了《贵州省企业履行社会责任指导意见》（以下简称《意见》），《意见》明确规定，企业社会责任包括坚持科学发展，提高持续盈利能力；坚持诚实守信，依法规范经营；坚持提高产品和服务质量，保障消费者权益；坚持节约资源和保护环境，履行环境保护责任；坚持科技进步，推进自主创新；坚持以人为本，保障安全生产；坚持维护职工合法权益，构建和谐劳动关系；坚持参与大扶贫等公益事业，推动和谐社会建设八个方面内容。但问卷调查结果显示，被调查者认为"坚持诚实守信，确保企业产品货真价实"的113人，占比为92.6%；"坚持科学发展，担负起增加税收和国家发展的使命"的6人，占比为4.9%；"坚持可持续发展，高度关注节约资源，改变经济增长方式、发展循环"的20人，占比为16.4%；"维护职工权益，维护职工生命和健康的责任"的为1人，占比为0.8%。由此得知，贵州省国有企业对社会责任内涵的理解和认识比较片面，对企业利益相关方的权益、环境保护及企业自身的可持续发展等方面认识不够，缺乏整体和系统的观念，这足以证明贵州省在国有企业社会责任的宣传上仍存在不足。

（三）国有企业脱贫攻坚产业项目落地"两难情绪"

18户国有企业帮扶18个贫困县最有效的举措是选准产业、精准帮扶。在帮扶过程中，贵州省国有企业在掌握贫困县总体情况的前提下，将自身优势与帮扶贫困县的实际相结合，将扶智与扶志相结合，由"输血式"向"造血式"扶贫模式转变，合理融合扶贫短期性和长期性的问题，真正为脱贫、遏制返贫找到根本性对策。客观上，企业结合自身实际提供的帮扶尽管效果明显，但离省大扶贫战略的要求仍存在一定差距。特别是扶贫要求有项目、有产业，但产业项目落地后，资金投入、管理人才和技术人才紧缺、成本加大、对口帮扶区域群众缺乏发展能力等后续问题需要解决，国有企业在产业扶贫和项目决策上存在"两难情绪"，导致项目落地进度不快。

（四）国有企业技术研发投入不足　可持续发展内生动力缺乏

转型升级、提质增效、环境保护等一系列精神和要求对国有企业来说，既是挑战也是机遇，有的国有企业在经济新常态中，积极应对挑战，在《贵州省环境保护十大污染源治理工程实施方案》中，国有企业坚持守好发展和生态两条底线，以改善环境质量为核心，充分发挥环境标准引领企业升级改造和倒逼产业结构调整的作用，促进重点行业污染实现全面达标排放，着力推进经济结构调整、发展方式转变和生产力布局优化，不断提高发展质量和效益。将企业废渣与循环经济、生态治理、社会效益、经济效益相结合考虑，加大研发力度，成效显著，但有的企业对技术改造和研发重视程度不够，技术创新和研发具有不均衡性，国有企业发展后劲就会在将来显现差距。

三 加强贵州省国有企业履行社会责任的对策建议

国有企业社会责任的履行具有政治性和社会性、直接性和间接性、被动性和主动性相结合的特点，是国有企业适应新时代的主动作为和担当，在政府引导、行业指导、企业主导、社会监督格局基本形成的基础之上。新时代、新气象、新作为的国有企业将在社会责任履行上迈上新台阶。为此，要从以下几个方面加强和健全。

（一）加快深化国有企业改革 增强社会责任履行能力

深化提质增效改革，促进国有企业转型升级。一是理顺各种混合制企业关系。按照现代企业制度建设创新思想、转变观念，理顺总公司、分支机构、子公司、控股公司、参股公司之间的相互关系，明确机构和公司之间的关系，明确和完善体制、机制，加快国有企业改革步伐。二是打好全省国有企业战略性重组攻坚战。认真落实省委省政府关于开展省属国有企业战略性重组的总体安排部署，通过战略性重组，在贵州省经济社会发展的重要领域打造一批全国一流、在世界有一定影响的大企业，为全省经济发展提供战略性支撑；通过战略性重组，让重组企业取得突破性的进步、突破性的贡献，推动国有企业转型升级，实现"脱胎换骨""华丽转身"。同时，重点实施部分监管企业改革重组脱困，推进企业转型升级脱困。三是全力打好实体经济转型升级攻坚战。充分利用国家政策措施，将处置"僵尸企业"与做强存量、做优增量、主动减量结合起来，促进监管企业结构调整、转型升级。以行业龙头企业为依托，采取联合重组、兼并重组、引进战投、改制退出等方式，实施一批调整重组项目，推进国有资本有序进退。将"双创"战略与贵州省实施的"百企引进""千企改造""双培育"等行动计划有机结合，实现落地生成一批大项目、改造升级一批工艺设备，研发一批新技术、转化一批新成果，培养一批创业创新人才队伍、建成一批创业创新平台，提升企业整体创新能力。四是全力推进十项改革试点。适时开展改革试点工作评估验收，指导试点企业形成可复制可推广的经验。继续指导中央在黔企业及破产下放企业、省属国有企业全面铺开"三供一业"分离移交工作，确保2018年底全面完成"三供一业"分离移交工作。

（二）加强国有企业技术创新　不断提高国有企业竞争力

技术创新是国有企业生存与发展的不竭动力。国有企业要树立科技创新思维，建立一支符合企业自身发展需要的技术科研骨干队伍，利用国际交流平台进行前沿性的科技研发，将研发成果与市场接轨，调整市场不需求的产业，调整产业结构和供给侧结构性改革，推进科技创新，加快科技成果转化，积极拓展新兴产业发展渠道和市场。利

用大数据思维，将国有企业发展与贵州大数据优势相结合，拓展企业发展链和空间。

（三）创新国有企业扶贫攻坚新政策　建立扶贫攻坚考核新模式

一是精准推进产业扶贫。因地制宜制定产业项目，将产业项目与扶贫地自身优势和潜在优势结合，宜农则农、宜工则工、宜商则商、宜游则游、宜林则林。二是项目精准落地。结合国有企业自身主业和优势，并结合扶贫地实际，科学决策，对项目落地的后续政策要建立相应配套制度。培养项目需要的技术人员与管理人员，将产品与市场进行无缝对接，确保项目所需资金投入。三是将"扶志与扶智"有机结合。创造更多的就业岗位，结合企业发展需要，将愿意到农村的大学生和农村大中专毕业生进行拓展训练，逐步解决项目落地所需的人才储备。四是因地制宜制定扶贫攻坚考核新模式。将脱贫攻坚产业扶贫、项目扶贫和扶贫地的经济效益与社会效益、短期效益与长期效益、显性脱贫与隐性脱贫相结合制定扶贫考核标准。

（四）加强国有企业生态治理新理念　加快循环经济新模式能力建设

一是以最严格的生态制度作为国企转型的根本要求和基本条件，用生态法律制度作为国有企业转型升级的标准和要求。二是将生态产业化和产业生态化理念有机融合。国有企业要转变经济发展方式，将废渣利用技术改造与市场结合，从而将经济效益与社会效益相结合考虑转型升级。

（五）建立贵州省地方性 CSR 指标体系　进一步明确社会责任履职方向

《贵州省企业社会责任评价指标体系（试行）》的制定，为贵州省加快建立健全地方性 CSR 指标体系奠定基础。指标体系运行结果如何，要引入第三方机构跟踪完善，选部分国有企业和大型民营企业对企业社会责任价值观、责任推进管理、科学发展和持续盈利、诚实守信依法经营、提高产品质量保护消费者权益、节约资源保护环境、科技进步自主创新、以人为本安全生产、维护职工合法权益构建劳动和谐关系、参与公益事业推动和谐社会建设十个方面进行履职评价，进一步确定贵州企业 CSR 指标体系，推进贵州省国有企业履行社会责任事业标准化进程。

四　2019年贵州省国有企业社会责任建设形势预测分析

（一）国有企业经济发展能力将进一步持续增长

随着贵州省国有企业战略性重组攻坚战步伐的推进，重点打造一批全国一流、世界有一定影响的大企业集团，将为贵州经济发展提供战略性支撑。国有企业转型升级将取得更大成效。重组企业将取得突破性的进步、突破性的贡献，推动国有企业转型升级，实现"脱胎换骨""华丽转身"。

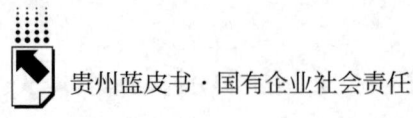

(二)国有企业脱贫攻坚社会责任履行成效将更加突出

随着贵州省同步小康进程的加快,贵州省国有企业精准扶贫的力度将随之加快,国有企业脱贫攻坚的产业扶贫和项目扶贫成效进一步凸显,贫困县的贫困人口将大幅度减少。

(三)国有企业生态建设社会责任履职将更加广泛

"贵州生态日"的设立,对于推进国有企业遵守环境保护的法律法规,起到积极促进作用。建立生态日的意义,在于加强国有企业环境保护的意识,以及促进国有企业履行生态责任,对国有企业自我约束将起到积极推动作用。

(四)国资国企监管新体系将更加完善

《关于加强和改进全省国资国企监管工作的指导意见》精准定位了国资监管机构和出资人机构的职能职责,明确了监管重点和监管方式,对"管什么""怎么管"等核心问题进行了统一规范。建立了规划项目投资监管、债权债务监管、财务监督、生产经营监管、风险防控、分类监管、企业负责人履职情况监管、监事会监督、党建工作管理、信息化监管十个监管机制,初步形成了"1+10"的监管制度体系,国资国企监管将更加规范。

(五)国有企业产品质量将进一步提升

随着贵州省省长质量奖的产生和发展,国有企业发展又多了一个"风向标"。质量是品牌的基础,品牌意味着竞争力,意味着市场。品牌建设是贵州省供给侧结构性改革的突破口，贵州将以品牌建设为牵引，激发经济转型升级新动能。国有企业的品牌建设力度将更大，越来越多的国有企业将提高产品质量，在市场竞争中彰显强大的竞争力。

参考文献

《2018年贵州省国民经济和社会发展统计公报》，2018年4月12日。

《中共中央、国务院关于深化国有企业改革的指导意见》，新华网，2015年9月14日。

《2018年贵州省人民政府工作报告》，光明网，2018年2月5日。

《贵州国有企业社会责任发展报告（2016~2017）》，社会科学文献出版社，2017。

贵州省国有资产管理委员会2017年工作总结。

分 报 告
Sub-report

B.2
2017年贵州省国有企业经济责任分析报告

刘舜青 林 俐*

摘 要： 2017年贵州省国有企业认真坚守发展和生态两条底线，并以深化"十项重点改革"为基础加大国有企业改革力度。一年来，在贵州省国资委指导下，监管企业在改革重组、股改上市、过剩产能化解、"僵尸企业"处置等重点领域和关键环节实现了新的突破，其主要经济指标创近五年来的最好水平。国有企业在转型升级、提质

---

* 刘舜青，贵州省社会科学院副研究员；林俐，贵州省社会科学院副研究馆员。

增效、优化监管机制等领域的改革仍需持续加强和推进。

关键词： 贵州　国有企业　经济责任

2017年，在贵州省委省政府的坚强领导下，全省上下认真学习习近平总书记参加党的十九大贵州省代表团讨论时发表的重要讲话，积极弘扬"贵州精神"，深入践行新发展理念，全面贯彻、落实中央和省委省政府的各项精神和政策部署，坚持以供给侧结构性改革为主线，坚守发展和生态两条底线，大力推进大扶贫、大数据和大生态三大发展战略，以稳增长、战脱贫、促改革、惠民生等各项工作总揽经济社会发展全局，狠抓实业主业，促转型、调结构，不断提升贵州省的发展动力和创新活力，使贵州省主要经济指标创近年来的最好水平。统计数据显示，2017年贵州省地区生产总值达到13540.83亿元，同比增长10.2%，比全国水平6.9%高出3.3个百分点，其GDP增速仅次于西藏、重庆，位居全国第三（自2011年以来，连续7年居全国前三位）。其中，第一、二、三产业增加值分别为2020.78亿元、5439.63亿元和6080.42亿元，同比分别增长6.7%、10.1%和11.5%，增长幅度分别高出全国2.8个百分点、4.0个百分点和3.4个百分点。整体上呈现了稳中向好的良好态势，经济实力也进一步增强。

本文主要根据相关资料并结合调研情况，对贵州省国有资产管理委员会监管的国有企业的经济发展相关指标进行分析和评价。这里的国有企业主要是指由政府投资和参与控制的独资和控股企业。

国有企业代表我国经济的主要发展方向，是我国国民经济的重要支柱，它不仅肩负提高企业的核心竞争力、追求国有资产保值增值的经济责任，还按照国家调节经济的目标，肩负履行生态、环境、公益等社会责任，实现营利性和公益性的有机统一。本文主要分析和评价国有企业的经济责任。

一　国企改革扎实推进，经营效益显著提升

（一）监管企业主要经济指标

1. 27户国资委监管企业

贵州省国资委监管企业有中国贵州茅台酒厂（集团）有限责任公司、贵州开磷控股（集团）有限责任公司、瓮福（集团）有限责任公司、中国振华电子集团有限公司等27户，并且主要以工业企业为主。在贵州省国资委的监督和领导下，2017年27户监管企业深入学习、贯彻党的十九大精神和习近平总书记在贵州省代表团的重要讲话精神，牢牢守住发展和生态两条底线，深入推进供给侧结构性改革，坚持开放带动和创新驱动，产业结构调整成效明显，特色优势产业发展迅速，重点支柱产业实现较快增长，国有经济持续快速健康发展，总体上呈现稳中有进、进中向好、活力增强的良好发展态势，有力支撑了贵州省经济发展。统计资料显示：2017年贵州省国资委监管的27户国有企业的国有资产保值增值率达110.2%，实现营业收入和利润总额分别为3428.5亿元、439.1

亿元，同比分别增长21.4%、56.4%，实现增加值和应交税费总额分别为1153.8亿元、408.8亿元，同比分别增长31.6%、31.0%，上述指标的同比增长幅度均高于2016年，也创2013年以来的最好发展水平。

2. 18户国有独资及控股企业

国有独资及国有控股企业是我国国民经济发展的重要支撑。贵州省国资委监管的独资和国有控股企业主要有中国贵州茅台酒厂（集团）有限责任公司、贵州开磷控股（集团）有限责任公司、贵州盘江国有资本运营有限责任公司等18户，2017年18户监管企业在贵州省国资委的监管和指导下，主要经济发展指标取得了较好的业绩，对促进贵州国有企业改革和发展壮大国有经济具有重要意义。其中，18户独资及控股企业实现增加值876.6亿元，同比增长40.0%；资产总额4304.7亿元，同比增长12.4%，其他主要发展指标见表1。

表1 2016年、2017年国资委监管企业主要经济发展指标

单位：亿元，%

指标	2016年		2017年	
	总额	同比增长	总额	同比增长
营业收入	1978.3	14.8	2372.4	19.9
利润总额	264.6	14.1	426.8	61.2
应交税费总额	252.6	26.9	345.2	36.6
资产总额	3833.8	13.2	4304.7	12.4
负债总额	2057.2	11.2	2213.7	7.6
所有者权益	1776.6	15.6	2091.0	18.0

数据显示，2017年贵州省国资委监管的18户国有独资及国有控股企业的主要发展指标除了负债总额外，其他指标不仅实现了两位数的增长，而且均高于2016年，其中增长幅度最大的是利润总额，同比增长61.2%；其次是应交税费总额，同比增长36.6%；所有者权益增长幅度最低，但也达到了18.0%。而负债总额仅增长7.6%，比2016年的11.2%低3.6个百分点。

（二）贵州与全国及相邻省份的比较

1. 贵州与全国的比较

从贵州省与全国国有企业（仅指地方国有企业，不包括央企，下同）的比较来看，贵州省的增长速度也全面好于全国平均水平。其中，国有独资和控股企业利润总额同比增长高于全国23.6个百分点，应交税费总额、所有者权益和营业收入总额则分别高出13个百分点、6.3个百分点、4.7个百分点，负债总额则低了4.3个百分点（见表2）。

表2　2017年贵州省与全国增长速度的比较

单位：%

指标	全国	贵州	百分点
营业收入总额	15.2	19.9	4.7
利润总额	37.6	61.2	23.6
应交税费总额	23.6	36.6	13.0
资产总额	11.8	12.4	0.6
负债总额	11.9	7.6	-4.3
所有者权益	11.7	18.0	6.3

由于增速影响,贵州省国有独资和控股企业主要指标在全国的份额也发生了变化。其中营业收入总额、利润总额和应交税费总额都有所上升,而资产总额、负债总额和所有者权益则有所下降(见表3)。

表3　2017年贵州省国有独资和控股企业主要发展指标与全国的比较

单位:亿元,%

指标		营业收入总额	利润总额	应交税费总额	资产总额	负债总额	所有者权益
2017年	贵州	2372.4	426.8	345.2	4304.7	2213.7	2091
	全国	213836.3	11228.7	11532.6	765831.9	485944.4	279887.5
	比重	1.11	3.80	2.99	0.56	0.46	0.75
2016年	贵州	1978.3	264.6	252.6	3833.8	2057.2	1776.6
	全国	182194.4	7898.7	8923.1	622385.8	393851.3	228534.5
	比重	1.09	3.35	2.83	0.62	0.52	0.78

资料来源:①2017年1~12月全国国有及国有控股企业经济运行情况:财政部网站,2018年1月23日。

②省国资委监管企业2017年1~12月主要财务指标完成情况:贵州省人民政府国有资产管理委员会网站,2018年1月20日。

③省国资委监管企业2016年1~12月主要财务指标完成情况:贵州省人民政府国有资产管理委员会网站,2017年1月19日。

2. 与周边省份的比较分析

从营业收入来看,2017年贵州省同比增长21.4%,分别比广西、宁夏的19.24%、18.0%高2.16个百分点和3.4个百分点。

从应交税金来看,2017年贵州省是31.0%,低于宁夏,但比广西的11.14%高出近20个百分点。

从资产总额来看,虽然贵州省保持了两位数的增长速度,达到12.4%,高于广西,但比宁夏低了4.4个百分点。

从利润总额看，贵州省是56.4%，分别比广西和宁夏低14.14个百分点和43.6个百分点（见表4）。

2017年贵州省27户国资委监管企业的国有资产保值增值率达110.2%，宁夏24户国资委监管企业的国有资本保值增值率是105.2%，贵州省高出5个百分点。

表4　2017年主要指标增长情况

单位：%

省份	营业收入	利润总额	应交税费总额	资产总额
广西	19.24	70.54	11.14	10.89
贵州	21.4	56.4	31.0	12.4
宁夏	18.0	100	52.4	16.8

二　取得成效的主要措施

（一）坚持党的核心领导

1. 出台一系列相关学习文件

贵州省国资监管企业深入学习和贯彻执行习近平总书记系列重要讲话精神，坚持党的领导，按照党的十八大以来的国企改革和发展的要求，积极开展"两学一做"，全面落实从严治党。根据相关精神要求，多次召开专题会议研究国有企业党建工作，发挥企业党组织在国有企业中的领导核心和政治核心作用。相继研究和出台了《关于在深化国有企业改革中进一步做好党的建设有关工作的意见》《贵州省国有独资及国有控股企业党的组织先进性建设工程实施办法》《关于省管企业党委在现代企业制度下充分发挥政治核心作用的实施意见》等相关文件，不断加大对国有企业的指导和推动力度。

2017年5月17日，贵州省还召开了"贵州省国有企业党的建设工作会议"，贵州省委书记陈敏尔、省长孙志刚分别发表了讲话，强调要全面加强国有企业党的建设，为做强做优做大国有企业提供坚强组织保障，努力开创国有企业改革发展新局面。

2. 制定相关具体措施

为把党的精神融入各企业经营管理中，做强做优做大国有企业，贵州省委组织部还同省国资委等部门一起，就坚持党对国有企业的领导、党的建设与企业发展深度融合等问题做出一系列安排部署，并研究制订加强和改进国有企业党建工作的实施方案，提出9个方面、26条具体措施，坚持发挥党组织在国有企业的核心领导作用，既要保证做强做优做大国有企业，还要保证党和国家的各项方针政策、重大部署融入公司治理各环节，并在国有企业中贯彻执行。

瓮安集团、茅台集团、贵绳集团、首钢贵钢公司等领导班子先后到瓮安猴场会议会址、茅台镇红军四渡赤水纪念塔、遵义红军烈士陵园'中共贵州省工委旧址'位于贵阳市文笔街原高家花园等地重温入党誓词。同时加强党支部书记培养选拔工作，全面提高国有企业党建工作水平。

3. 加强对企业领导的选拔和考核

贵州省国资委严格执行《干部选拔任用条例》，按照制定和实施的《贵州省推进领导干部能上能下实施细则（试行）》《贵州省省管国有企业领导人员任免工作程序》《贵州省参股企业领导人员任免工作程序》《贵州省省管国有企业领导班子和领导人员年度考核实施细则》等相关制度，对国有企业领导干部进行考核。2017年贵州省国资委还根据省委的部署和要求，召开了2017年度党委书记党建工作现场述职和评议会，瓮福集团、乌江水电、省农信社、贵州铝厂、联通贵州分公司、中石化贵州分公司等国有企业的党委书记就本企业党建工作进行了现场述职和民主测评，不断提高领导干部的思想政治素质，增强党性、政治意识和大局意识。

（二）深入推进国企改革

1. 出台相关改革措施

国有企业属全民所有，是我国经济社会发展的重要经济基础和政治基础。面对日益竞争激烈的国际国内环境，推动国有企业改革，建立现代企业制度、完善国资监管势在必行。根据《中共中央、国务院关于深化国有企业改革的指导意见》和"1+N"体系及相关细则，贵州省国有资产管理委员会以深化"十项重点改革"为基础，按照贵州省发展和改革委员会《2017年经济体制改革重点任务工作方案》中提出的推进供给侧结构性改革、国企国资改革等11项重点改革任务①，细化分解到各相关部门，分头实施并进行年度考核，持续深入推进国有企业改革。

2. 制定相关监管细则

2017年贵州省国资委除了继续执行2016年的监管企业董事会

---

① 贵州省国企国资改革等11项重点改革任务方案包括推进供给侧结构性改革、深化"放管服"改革、推进国企国资改革、加强产权保护制度建设、深化财税体制改革、推进金融体制改革、完善城乡发展一体化体制机制、健全创新驱动发展体制机制、加快构建开放型经济新体制、推进社会体制改革、深化生态文明体制改革等。

《运行评估办法（试行）》、全面推进监管企业《法治国企建设的意见》、监管企业负责人经营业绩《考核办法》、《监管企业资产评估结果公示办法》、《监管企业增资工作指引（试行）》、《监管企业负责人薪酬管理办法》及以前的相关规定外，并结合中共贵州省委办公厅贵州省人民政府办公厅为贯彻落实《中共中央、国务院关于深化国有企业改革的指导意见》（中发〔2015〕22号）、《国务院办公厅关于转发国务院国资委以管资本为主推进职能转变方案的通知》（国办发〔2017〕38号）等文件精神，制定和印发《关于加强和改进全省国资国企监管工作的指导意见》的通知（黔党办发〔2017〕31号），从总体要求、进一步优化职能职责定位、加强出资人监管、改进监管方式和手段、健全监督体系和严肃责任追究六大块25个方面，对加强和改进贵州省国资企业监管提出了要求，使省、市、县国有资产监管制度和基础管理更加科学规范，为贵州省全面深化国企改革，优化国资监管和实现国有资产保值增值提供了保证。

（三）积极优化国有资本布局

1. 不断提升企业核心竞争力

贵州省国资委鼓励和支持监管企业，充分利用"千企改造"工程纵深推进和"政研银企"对接融资等机遇，深入实施供给侧结构性改革，加强加大核心技术研发、科技创新投入和科技成果转化力度，积极推动企业转型升级。如开磷集团在2017年国际国内化肥产能依然严重过剩的严峻形势下，积极落实贯彻创新、协调、绿色、开放、共享的新发展理念，大力推进供给侧结构性改革，调整产业结构,自主研发湿法磷酸直接制配工业级磷酸二氢铵产业化技术,并于2017年12月28日在息烽磷煤化工工业园区全面建成投产,标志着开磷集团朝"高端化、精细化、绿色化"的转型升级方向迈上了新的台阶。贵州钢绳集团积极引进和吸收先进技术为我所用,并持续推进自主创新,逐渐掌握了居于国内行业领先地位的自有专有技术和核心技术,2017年荣获全国"第二批制造业单项冠军示范企业"称号。瓮福集团对磷资源进行优化配置,积极推动产业升级换代,集团"由传统制造业为主向中高端制造和生产性服务业并举转型;由单纯产业驱动向'产业+资本'双轮驱动转型;由以磷肥为主向以磷化工、氟硅化工、新能源材料化工为主,磷肥配套支撑转型。"① 2017年中国化肥供给侧结构性改革蓝皮书于11月24日在北京正式发布,开磷集团以"多元产业互为支撑、耦合共生集约发展"的总布局,列入化肥供给侧结构性改革蓝皮书典型样本,并在发布会上做经验介绍。

2. 进一步优化国有资产

贵州省国资委深入摸清"僵尸企业"情况,按照市场化、法治化的要求,积极推进和指导化工、有色、冶金低效无效和落后产能国有资产企业的具体实施方案,整合重组,培育发展新动力,推动国有资本向新兴战略性产业集中,有效实现国有资产的保值增值。2017年12月,贵州省国资委、盘江集团、产投集团、六枝工矿、农银投资、工银投资、信达贵州分公司共同签署了《六枝工矿债转股

---

① 《瓮福转型升级华丽转身谋"绿色发展"》,瓮福集团,2017年11月22日,http://www.gzsgzw.gov.cn/xwzx/qyzc/201711/t20171122_3047128.html。

协议》,"贵州首单市场化、法治化债转股正式落地实施"。[①] 六枝工矿债转股是国家发改委13家试点企业之一,也是贵州省第一家。贵阳市国资委制定了《贵阳市国资国企改革发展顶层设计方案》,拟定了《关于进一步深化国有企业改革的实施意见》,按照"三去一降一补"五大任务,完成5户国有企业合并注销。瓮福集团将管理层级压缩在三层以内,并清理无效低效或"僵尸"子公司30余家。遵义深入推进国有企业重组及转型发展,新组建遵义城建投资集团、遵义交通旅游投资集团、遵义道桥建设集团、遵义金融控股集团四大国有企业集团,抱团发展、走向市场。

(四)强化管理提质增效

1. 积极宣传动员

2017年以来,贵州省国资委紧紧围绕"去产能、去库存、去杠杆、降成本、补短板"五大任务,从优化产业布局、加强精益管理、强化品牌创建、调整产能结构、推进创新驱动、实施分类改革等方面,多次召开国资企业提质增效工作会议,促使企业更有质量更有效益地发展。

2. 制订实施方案

提质增效是国家对国有企业的一项重要要求。西南能矿集团在2016年全面完成提质增效工作情况下,2017年继续深化提质增效工作,成立领导小组,签订《2017年提质增效责任书》,加快建设"三型能矿"(绿色能矿、智慧能矿和金融矿能),并配合督查督

[①] 《贵州2017年着力加快国企改革推进公司制股份制改革》,中国证券网,2017年1月26日。

办、对标管理、风险防控、工作巡查和年终考核等手段,全面完成提质增效目标。2017年茅台集团在量质双收的情况下,仍然确保"三个坚持",即"坚持质量第一不能变,坚持传统工艺不能丢,坚持以微生物为核心的系统工程观点不动摇"。开磷集团在由新华网主办、中国环境科学学会协办的"第四届中国绿色发展与生态建设峰会"中,获评2017年中国最具影响力绿色企业品牌,成为贵州唯一获此殊荣的化工企业。

(五)加强企业监督和管理

1. 制定规章制度

制定《贵州省国资委监管企业重大经营风险监管工作规程》,从安全、生态和社会等方面进行风险防控。根据《中共中央国务院关于深化改革的指导意见》《国务院办公厅关于转发国务院国资委以管资本为主推进职能转变方案的通知》等相关文件精神,2017年11月贵州省委办公厅、贵州省政府办公厅出台了《关于加强和改进全省国资国企监管工作的指导意见》,进一步落实、健全、优化和改进国有资本监管,实现国有资产保值增值。

2. 不定期进行督查

除了自查外,贵州省国资委还不定期派督查组到企业开展各项督查工作。2017年国资委纪检组组长先后到茅台集团、开磷集团、产投集团、瓮福集团,对政治生态、"四风"落实等六个方面进行了督查。2017年贵州省国资委监管企业安全生产督查组第二小组

（成员有茅台集团、开磷集团、瓮福集团、西南能矿四户企业）共组织开展6次巡回、交叉督查工作，查出隐患或问题99项，进一步了提升监管企业安全管理水平。

三　问题和对策建议

（一）存在的主要问题

1. 国企改革推动慢

由于种种原因，我们长期以来比较重视经济发展，没有根据新时期、新形势、新任务、新目标基本要求，按现代企业制度建设创新思想、转变观念，理顺总公司、分支机构、子公司、孙公司、控投公司、参股公司等之间的相互关系，造成这些机构和公司间的责、权、利关系不明确，体制机制没有理顺，国企改革的步伐受到严重影响。

2. 转型升级速度慢

由于历史和资源原因，贵州省国有企业大多属于资源性、劳动密集型和污染较严重的传统重工业行业，底子薄，"大而全"问题依然存在，而化解传统产业的过剩产能、处置"僵尸企业"的面积大，扭亏增盈任务繁重。一些企业创新投入不够、动力活力不足，企业普遍缺乏具有自主知识产权的核心技术、专利产品和知名品牌，转型升级难度大。

3. 提质增效任务艰巨

贵州省国有企业底子薄、基础差，历史遗留问题和现实问题积累多，在改制转型发展过程中还涉及资金、资产处置、企业改制、职工安置等一系列问题，同时企业设备老化、研发技术不够，企业存量资产盘活难，融资能力不强，符合现代企业发展的、具有国际化经营意识的中高端人才总量不足，企业自主创新能力较弱，效益较低。政府财力弱、投入少，支持力度不够，发展方式转变难，提质增效任务艰巨。

4. 发展环境仍不完善

主要体现在国有企业办社会的职能和历史遗留问题尚未完全解决，大量国有企业特别是那些经营压力比较大的传统企业仍然存在办社会机构的现象，国有企业办医疗、教育、市政、消防、社区管理以及"三供一业"等历史遗留问题较为突出，造成企业管理、运营费用负担沉重，增加产品成本，影响企业市场竞争力，严重制约了国企改革和发展。

（二）对策建议

1. 继续深入推进国有企业改革

按照《中共中央、国务院关于深化国有企业改革的指导意见》以及国务院和贵州省政府陆续出台的各项国有企业改革方案，坚持落实从严治党，紧紧围绕现代企业制度，遵循市场经济规律，进一步深化国企改革，修订和完善国有企业改革方案，积极实施分类管理和改革，继续推进贵州省国有企业改革重组、股改上市和困难企业脱困改革等各项工作，加快推进国有企业战略性重组，逐步完善国有企业经营管理体制机制，开创国企改革新局面，促进国有资产保值增值。

2. 加快加大提质增效的力度

按照贵州省政府工作安排和《省国资委关于开展"僵尸企业"、压缩管理层级调查摸底工作的通知》，坚持以供给侧结构性改革为主线，以提高经济发展质量和经济效益为中心，结合贵州省国有企业尤其是监管企业的具体情况，有计划地妥善化解落后过剩产能和"僵尸企业"的处理，充分利用"千企改造""政研银企"等项目和工程资金，加强对企业的预期引导，深化创新驱动，加大国有企业人力资本和创新研发的投入，持续推进和培育国有企业发展新动力，大力发展新技术、新产业和新模式，全力提升企业全要素生产率。严格控制成本费用，加大安全生产监管力度，严防各种风险发生，积极推动国有企业进入提质增效发展的新阶段。

3. 加快推进重点行业和主要产业的转型升级

坚持以推动供给侧结构性改革为主线，大力发展和提升以煤炭、有色、化工、冶金、建材等传统资源型产业的精深加工水平，加快发展以装备制造业、电子信息制造业、新材料、新能源、节能环保，以及医药等先进制造业，大力提升白酒、民族医药、特色食品、特色工艺品等传统特色产业的市场知名度和竞争力，推动产业园区升级发展，积极培育企业新的增长点，不断优化升级传统产业，做大做强做优国有资本，加快增强国有资本的经济活力。

4. 持续提高国有企业的监管职能

持续深化国有资产管理体制机制改革，以提升企业的发展质量和效益为目标，以完善国资监管体制机制为着力点，强化国有资产科学监管，重点抓企业的制度建设和监督管理，继续强化出资人管理、监事会监督和监督手段，积极加强和探索国企董事会、国企监事会建设，调整和完善国企负责人综合考核评价体制、内部审计制度，加强国有资产、资金、项目建设以及投资融资管理，不断改进国企监管方式和手段，强化和规范工作流程，严防国有资产流失，全面提高国有资产监管职能和监管水平，确保国有资产保值增值。

5. 加快剥离企业办社会职能攻坚战

按照党中央、国务院关于深化国企改革的部署要求，坚持地企合作、统筹安排、因地制宜、分类施策，积极推进公共服务专业化，按时按质完成国有企业"三供一业"分离移交工作，让企业"瘦身"、轻装上阵，公平参与市场竞争，不断提高服务质量和运营效率，为国有企业加快改革创新和做大做强做优创造条件。

国有企业是我国综合经济实力和保障人民公共利益的重要力量。进一步深化国有企业改革，要继续完善各类国有资产管理体制，加快国有经济布局优化和结构调整，不断增强企业活力、影响力和抗风险能力，要稳妥、规范、循序渐进地发展混合所有制经济，做大做强做优国有资本，积极培育具有全球竞争力的世界一流企业。

参考文献

《贵州省国资委监管企业2017年主要经济指标创5年来最好水平》，贵州省国有资产监督管理委员会网站，2018年2月24日。

《四川国企资产突破8万亿规模全国第六》，《华西都市报评论》2018年1月8日。

广西国资委:《广西国资委系统企业 2017 年度经济运行情况》2018 年 1 月 31 日。

贵州省统计局:《贵州省 2017 年经济运行情况:GDP 同比增长 10.2%》,2018 年 2 月 8 日。

《贵州民营经济增加值去年超 7000 亿元》,《贵阳晚报》2018 年 3 月 21 日。

《广西国企 2017 年实现利润总额 232 亿元》,http://www.sasac.gov.cn/n2588035/n2588330/n2588365/c8512386/content.html。

B.3 2017年贵州省国有企业生态责任发展报告

吴月冠*

摘　要： 本报告对2017年贵州省国有企业生态责任进行了总结分析，分为高度重视生态责任完善环境保护制度、做好节能减排确保生态责任落地、开展污染治理着力生态环境修复、坚持科技创新注重绿色循环可持续发展四个部分，就贵州省国有企业在生态责任履行过程中的典型守成与创新事例进行总结分析和介绍，以期为其他国有企业履行生态责任提供样本参考，为其他市场主体和个人参与生态文明建设提供方法借鉴，最终形成全社会参与美丽中国建设的良好氛围。

关键词： 国有企业　生态责任　发展报告

2017年，贵州省国有企业积极履行生态责任，以国家生态文明试验区建设和国家环保督查为契机，以高度的政治责任

---

* 吴月冠，贵州省社会科学院党建研究所副研究员，贵州省大数据政策法律创新研究中心副主任。

感，直面环境问题，创新方法手段，克服自身困难，取得明显成效。

一 高度重视生态责任 完善环境保护制度

贵州省国有企业坚定政治站位，从守住生态和发展两条底线、建设好国家生态文明试验区的高度，将生态文明建设问题作为企业生存发展的重要保障予以推进。由于生态文明建设具有损害因果关系复杂、受益主体不特定、成效非独占性、难以 GDP 化、存在邻避困境等特点，没有高度的政治责任感就无法出色完成。环境损害因果关系复杂，环境问题的成因是多方面的，包括雾霾问题、地下水污染问题、地上河流水污染问题等，造成环境损害的原因往往有多个源头，在当前的科学技术水平下，难以做到在每一个环境问题上都查清污染源并予以量化，这也使责任承担主体难落实、责任大小难量化。环境保护的受益主体也不特定，往往是上游治理污染下游受益，本地治理污染外地受益，往往本地投入大量成本治理环境问题，而其他地方却零成本地受益，导致地方治理跨地域环境问题投入动力不足。环境保护治理成效是良好的环境空间、新鲜的空气、清澈的河水、干净的土壤，单个的企业或个人无法独占良好的环境治理成效，导致企业和个人对环境保护动力不足。良好的环境无法用金钱衡量，难以量化，更难以 GDP 化，导致传统的政绩考核在生态文明建设领域失灵。环境治理中的新措施往往带来邻避困境，导致科学环境保护新项目落地难。贵州省国有企业充分发挥政治优势，以高度的政治责任感出台系列措施，破解这些生态文明建设中传统机制、措施失灵的局面。

茅台集团每年出资人民币5000万元设立"赤水河流域生态环境保护基金"，目前已坚持连续出资了10年，共计出资5亿元，用以推动建立赤水河生态环境保护长效机制。自国家生态文明试验区（贵州）获批建设以来，茅台集团积极从试验区建设大局出发，制定并实行《贵州茅台酒股份公司生态文明建设规划（2015～2020年)》和《生态文明建设改革三年行动计划》按照党政同责、一岗双责、环境保护建设三同时等要求，设置环境保护问题一票否决机制，促使集团下属各生产经营单位切实担负生态责任，推进环境建设和绿色发展，将绿色理念融入企业生产经营的全过程。①

贵阳银行不断尝试绿色金融产品的创新发展工作，首先，制定并执行《贵阳银行绿色产业授信业务指导意见》，建立和完善绿色授信项目数据库，积极支持和对接绿色制造、生态林业、绿色农产品、环保节能等领域的绿色项目，做大、做细、做实绿色金融项目储备。其次，围绕绿色农产品产业链条，创建"社区支行+农村金融服务站+农村电商"的绿色项目金融支持机制，不断推出猕猴桃贷、茶园贷等绿色金融产品项目，助力"电商下乡""黔货出山"。最后，结合农业供给侧结构性改革和乡村振兴战略，尝试开发出生鲜供应链信贷款、林权抵押贷款、农村土地承包经营权抵押贷款等金融项目，着眼从绿色农产品的"种植—加工—运输—生鲜店售卖"产业链条开发多种金融产品，为

---

① 《茅台集团社会责任报告》（2017年度）。

整个产业链条提供绿色金融解决方案。①

西南能矿集团大力推进绿色勘查技术标准的制定工作，专项支持地热资源领域绿色勘查技术的标准研制工作，以绿色标准推进绿色生产经营活动。2017年制定并试行绿色勘查项目管理暂行办法、固体矿产绿色勘查项目预算标准、固体矿产绿色勘查技术标准、煤层气绿色勘查技术标准四项绿色标准；其中固体矿产绿色勘查技术标准、煤层气绿色勘查技术标准两项标准获贵州省地方标准立项。②

二 做好节能减排 确保生态责任落地

贵州省国有企业在以往节约能源，减少污染物排放系列措施基础上，不断结合各自行业特点和企业自身实际，从使用清洁能源逐步替换传统能源，维护、改造原有生产设备，异地搬迁改造，委托专业第三方机构运维环保设备等方面着手，减少对传统能源的消耗，降低固体、气体、液体、噪声等污染，增进企业与周边居民、其他企业的和谐，助力全社会节能减排良好氛围的形成。节能减排是生态文明建设的基础环节、第一道关口。首先，把好节能关，可以避免不必要的社会环境治理成本的支出。减少传统能源比如煤炭、热电等消耗，可以有效降低能源使用和能耗转化过程中的传统燃料产生大气、水和固体污染，进而减少环境治理支出。其次，把好污染物减排关，可以

---

① 《贵阳银行股份有限公司2017年度社会责任报告》。
② 《西南能矿集团股份有限公司2017年度科技创新能力建设信息》。

降低企业生产经营活动对周边生态环境损害,与周边居民、其他单位良性互动,形成有利于企业发展的良好社会环境。如果企业向周边环境排放大量污染物,影响周边居民、其他单位的生活生产活动,将不可避免地引起不必要冲突和矛盾,不利于企业正常生产经营。最后,把好节能减排关,能够倒逼企业改进生产经营工艺,提高生产经营的科技含量和效率,倒逼企业高质量发展,提高企业远期竞争力。

贵州轮胎近年来实施特种轮胎异地搬迁项目,将325万套/年特种轮胎规模生产项目从贵阳市区搬迁到修文县扎佐镇。在新厂区配套建设新型污水处理系统,将生产过程中产生的工业废水集中通过该系统收集后进行净化处理,将大部分处理后达标的中水进行回收再利用,少部分中水在达标后外排。同时,在废水排放口安装了废水在线监测系统,并与环保部门实时联网,对外排废水进行实时监测,监测数据实时上传到环境保护部门。采取布袋式除尘和脉冲涡轮增压脱硫技术处理生产中产生的锅炉烟气。同时安装与环境保护部门联网的烟气在线监测系统,实时监测锅炉烟囱排口的外排烟气,监测数据实时上传环境保护部门数据中心。公司专门委托第三方专业机构对这两套污染物监测设备进行维护。对于轮胎生产中炼胶烟气用布袋式除尘器予以处理,之后再通过排气管道集中在高空达标排放。通过在生产设备上安装减振器、减振垫以及选用低噪声的设备,来降低噪声污染。对于生产中产生的固体废弃物炉渣、脱硫产物、粉煤灰等交由附近的砖厂、水泥厂综合利用再生产,有关橡胶废料等交由回收企业加以回收再利用。[1]

---

[1] 《贵州轮胎股份有限公司特种轮胎异地搬迁项目竣工环境保护验收监测报告》。

贵绳集团及时修订完善企业安全环境管理规定，详细明确企业生产经营中各层安全环境的管理职责。为预防废酸和废水等污染物泄漏，公司在2017年对排放管道及收集沟渠做了全面塑化防渗的改造，确保生产经营中的每一滴废酸、废水都能通过运输管道输送到环境保护分厂做出全面处理，然后将处理后达标的中水全部输送回生产环节进行再利用，从而实现生产用水的闭环循环、充分利用，实现真正意义上的废水零排放。2017年公司共处理并循环利用废水182万吨，对于公司在废水处理过程中产生的污泥等固体污染物19676吨，已按照国家法定标准和环境保护部门的要求，全部移交给第三方专业机构进行无害化处理。公司在2017年产生固体污染物锌渣68吨、铅灰227吨、废矿物油2.6吨，其中铅灰、锌渣已全部由当地一家金属合金企业进行处理，废矿物油已全部由当地的一家废机油回收企业进行处理。[①]

茅台集团近年来加大燃气锅炉的使用，积极更多使用清洁能源天然气，与燃煤锅炉相比，有效降低了对空气环境的污染。2017年已有燃气锅25台在生产环节运行，通过加大清洁能源的使用，空气监测站的监测结果显示，在厂区的357天空气质量有效监测天数中，优级、良级的天数达357天，达到了100%的空气质量优良率。在降低能耗方面，茅台集团开展蒸汽输送系统的节能技改，采用行业先进的保温材料和保温工艺，使用可靠节能的疏水阀组等蒸汽传输节能技术，通过技改优化调整供气管路，不断提高蒸汽输送

---

① 《贵州钢绳股份有限公司2017年度履行社会责任的报告》。

系统的输气效率，有效降低能耗，通过技改，较原系统蒸汽传输效率大幅提升了8.6%，每年节能3700余吨标准煤，每年节约成本支出850余万元。同时，公司不断提高企业污水处理能力，目前每天的污水处理能力达2.3万吨，确保污水处理率100%，2017年全年已处理污水20.68万吨。①

贵州省其他国有企业也不断结合自身行业特点推动清洁能源使用、降低污染物排放、综合利用能源。贵州燃气集团2017年向社会供气共计6.86亿立方米天然气，相当于减少了231万吨标准煤的使用，减少二氧化硫排放2.9万吨，减少二氧化碳排放250万吨，减少氮氧化合物排放3000万吨，减少烟尘排放6000万吨。②瓮福集团经过20余年的环境整治艰苦奋斗，陆续完成了生产磷石膏渣场的防渗工程、厂区的防渗工程、磷石膏废水的回用管道建设工程、发财洞污染治理工程、重安江流域综合治理工程等环境保护项目，有效解决了长期制约和困扰磷化工行业的磷石膏渣场和磷化工厂区的渗漏问题，不断提高磷化工行业污染处理和管控水平，减少污染物排放。③贵安电子还投资建成了全国首座基于多种能源互补模式的智慧能源站节能项目，有效降低生产经营中的能耗和成本。通过上述各个环节的节能减排活动，有效降低温室气体排放、减少废水等液体污染物排放、降低废渣等固体污染物排放，贵州省国有企业为全省的蓝天、绿水、青山保卫战做出了应有贡献。

---

① 《茅台集团社会责任报告》（2017年度）。
② 《贵州燃气集团股份有限公司2017社会责任报告》。
③ 《瓮福（集团）有限责任公司社会责任报告》（2017年度）。

三 开展污染治理 着力生态环境修复

贵州省地处祖国西南部,矿产资源丰富;然而生态脆弱,是全国唯一一个没有平原支撑的省份,生态保护和修复成本高;同时,生态地位重要,是长江、珠江两江上游水塔。基于历史原因和经济社会发展欠发达的现实条件,贵州省面临很大的环境治理压力;本着"谁污染、谁治理,谁破坏、谁修复"的环境保护治理原则和服务国家、省、市经济社会发展大局的政治责任,贵州省国有企业,尤其是曾为国家矿产资源开发做出历史贡献的矿产资源行业国有企业,在企业现有困难下责无旁贷地挑起污染治理和环境修复的担子,努力践行"绿水青山就是金山银山"的生态理念,建设多彩、生态、绿色贵州。

瓮福集团遵循"边开发、边恢复、边治理"的原则,2015~2017年共治理恢复矿山地质环境1600余亩,植草1400余亩,植树13余万株,累计投资3500多万元;其中2017年通过植草、植树方式集中治理排土场等地质环境,治理面积达440亩,投资1100万元;为全省绿色贵州建设三年行动计划积极贡献企业力量。公司在积极开展生态修复的同时,注重企业生态文明软环境建设,结合植树节、地球日、防灾减灾日等活动载体,组织数千人次职工开展环境保护活动,营造重环保、爱家园的浓厚氛围。①

开磷集团为解决磷石膏污水污染地下水问题,采用覆膜治理渣

---

① 《瓮福(集团)有限责任公司社会责任报告》(2017年度)。

场。2017年企业与上海交大合作治理贾家堰渣场，投资2000余万元进行15万余平方米的覆膜治理。治理之后，旁边的干沟河污水泉眼、桂花泉的出水水质含磷量已出现大幅下降趋势，干沟河污水泉眼已从治理前的总磷300～500mg/L，降低到当前的总磷50～80mg/L，桂花泉水从治理前的总磷30～40mg/L，降低到当前的总磷10mg/L；经过持续治理，预计今后几年总磷指标将进一步降低，以逐渐恢复至地表水三类水质水平。此外，开磷集团主动担当起全省著名的乌江34号泉水质治理任务，2009～2017年共计投入5亿多元进行治理，目前已完成乌江34号泉的二期治理工程建设并投入使用，该系统治理能力达到每小时5000立方米，现在该治理系统日平均运行费用达30余万元，年运行经费达1亿元。①

黄果树旅游集团结合景区建设开发开展生态环境改造提升工作。为更好地建设生态景区，治理修改景区环境、保护水土和植被，企业投资3.5亿元打造736.4公顷的黄果树国家湿地公园，同时投资6200余万元对景区的绿化环境进行改造升级；投资3000余万元，打造石头寨生态景区慢行系统，建设半边街项目，逐步形成了突出"自然、生态、景观、文化"特色，与周边民族民间文化、历史文化、生态环境相融相生的旅游环境，为黄果树景区旅游生态升级打下坚实基础。

黔源电力结合公司水电业务开展水域生态保护和修复工作。为降低下泄低温水对水电站下游生物的影响，公司在董箐水电站运用前置挡墙、分层取水技术，有效减少低温水下泄，成为国内先行以

---

① 《开磷集团2017社会责任报告》。

工程方法化解生态保护难题的先行军。公司不断投入开展生态机组建设，分别在善泥坡水电站和马马崖水电站装置 0.55 万千瓦、1.8 万千瓦生态机组，通过持续下放生态流量方式，为下游生物提供天然水体。为保护黑叶猴，公司主动调整善泥坡水电站开发强度和工程选址，将工程选址移至上游，不断助力建设和完善黑叶猴保护区，使得近 8 千米的黑叶猴保护区河段免受开发，同时恢复植被达 2000 余亩。公司还注重对库区的珍贵植物、古树进行特别保护，共移栽 40 余株百年以上的珍贵古树种。为保护河流中的鱼类生物，公司还与高校科研机构合作设立生态环境研究基地，通过探索建设人工鱼巢、建设集运鱼系统、建设鱼类栖息地、建设叠梁门分层取水工程、保留天然河段、设置鱼类增殖放流站等保护水生生物措施，构建良好的水生生物生态环境，促进水生生物繁殖生长，做到开发与保护并重，水电设施与周边生态良性互动。[①]

四 坚持科技创新 注重绿色循环可持续发展

随着生产生活对环境的影响日益加深，各个国家各个行业都在运用科学技术解决环境问题。生态文明建设常常伴随着环境、能源领域的科技创新应用而不断向前推进。贵州省国有企业主动应用行业领域环境保护科技创新成果，不断增强企业生态文明建设能力，注重生产经营环节的能源、资源循环利用，践行绿色标准，促进企业与周边环境协调共生和可持续发展。

---

① 《贵州黔源电力股份有限公司 2017 年度社会责任报告》。

贵安云谷分布式能源中心系贵安电子信息产业投资有限公司建设的全国首个1+3多种能源互补智慧能源项目。该项目将天然气清洁能源和太阳能光热、水源热泵能、空气动力储能综合利用，实现清洁能源和再生能源的互补利用，利用智能调度系统综合利用，一套设备即可以为50万平方米建筑面积的楼宇提供冬季制热、夏季制冷、全年生活热水和电力等方面的能源需求。公司还计划在贵安新区建设部署10个这样的分布式能源项目。[1]

瓮福集团为解决磷石膏处理这一亟须磷化工行业解决的"老大难"问题，在2017年与贵州省建筑设计研究院等单位就磷石膏绿色生态PGPC装配式建筑项目开展战略合作，共同致力于打造国际领先、全国首个绿色生态PGPC装配式建筑体系，探索磷石膏综合利用的绿色解决方案。[2]

开磷集团近年来利用伴生在磷矿中的有价氟硅碘，开发建设了国内首条国产化的利用磷肥生产含氟废气吸收液进行的年产1000吨无水氟化氢中试装置生产线，该生产线生产的无水氟化氢产品纯度达到99.94%。经过数年优化改进，实现了世界首条2万吨无水氟化氢联产1万吨沉淀白炭黑示范装置的建设，相关装置设施已全部国产化；与此同时，公司还研发出超低浓度碘气液混提的工艺技术，完成碘化物示范装置工程。此外，公司通过实施磷矿浆脱水再浆技术改造，实现工业污水处理循环利用。首先用陶瓷过滤机对磷矿浆进行液固分离，以使磷矿浆水分降到13%以下。脱出的水返

---

[1] 谌思宇：《绿色金融改革创新的贵安实践》，《贵州日报》2018年7月6日，第12版。
[2] 《瓮福（集团）有限责任公司社会责任报告》（2017年度）。

回原料系统供循环磨矿及输浆环节使用。接着,在浓密岗环节增设调浆槽,用厂区含磷氟硫酸等污水对上一步脱水磷矿浆调浆,把磷矿浆的含水率调到33%后输送到磷酸生产系统。该项目每小时即可消耗120立方米污水,同时每小时节约120立方米工业用水。①

中国电建贵阳院(中国电建集团贵阳勘测设计研究院有限公司)结合本企业所属行业特点将创新、绿色、可持续生态文明建设理念融入工程勘测设计施工过程中。风电是一种在我国分布广泛的绿色能源方式,结合贵州山地气候特点,中国电建贵阳院积极建设、承建、参建花溪云顶、惠水龙塘山、织金三塘、盘州平关、遵义洪关、瓮安花竹山、关岭永宁、榕江塔石等风力发电场站。其中,2012年开工建设的贵阳云顶风电场的年总发电量已达1.5亿千瓦时。这意味着每年能节约标准煤近5万吨,减少13万吨二氧化碳排放,减少400多吨二氧化硫排放。在中国电建贵阳院总承包的贵安新区月亮湖改扩建过程中,秉持海绵城市理念,在满足城市规划基础上,创新治水新思路,减少地面硬化面积,降低地表外排径流量;同时,传承中国古代山水相融、人与自然和谐相处的传统山水园林文化,注重"平远、深远、高远"影像、意境营造;助力贵安新区山水园林城市良好生态环境建设。在对贵安新区金牛湖、星月湖、思丫河、车田河、甘河等环城水系进行规划时,中国电建贵阳院也按照"海绵城市"理念设计,突出海绵城市对降水的自然消解作用,做到城市降水不积水、不内涝、不污臭,通过海绵城市良好的微循环功能,降低城市"热

---

① 《开磷集团2017社会责任报告》。

岛效应",建设良好城市生态。①

贵州高速集团依托在西部地区率先实现县县通高速的赶超优势,积极探索应用冷热再生沥青、温拌沥青等新技术新材料,不断改进道路施工建设流程,运用无人机、机器人提高高速路管护效率,注重材料的循环利用,建设绿色、安全、高效的高速路网交通系统。②

地处贵州的国有金融企业结合国家生态文明试验区建设和贵州牢牢守住发展和生态两条底线要求,突出金融对生态文明建设的支持推动作用,纷纷推出绿色金融新产品,创新绿色金融模式。中国邮政储蓄银行贵州省分行根据绿色项目特点灵活创新金融担保贷款项目,探索节能环保贷款项目、污水处理权益质押贷款项目、小水电抵押贷款项目等,助力绿色贵州建设。贵州银行、贵阳银行共计发行价值130亿元的绿色金融债券,重点支持环境治理、垃圾处理、节能减排等生态建设环节,不断扩大绿色行业、绿色项目的融资渠道,降低绿色成本。贵州银行为光伏扶贫项目提供资金信贷支持,构建企业、农户、银行三者间生态链条,将生态扶贫与绿色金融相结合,推动绿色发展、绿色脱贫。贵阳银行为绿色项目单独设立绿色通道,根据银行内部贷款管理流程中的六个环节创新单列绿色信贷管理项目的"六单"管理机制。

综上所述,在国家生态文明试验区和绿色贵州建设过程中,贵州省国有企业结合各自行业特点,从生态文明制度建设、节能减

---

① 苏丹、吴翔:《坚持生态优先推动绿色发展》,《贵州日报》2018年7月7日,第33版。
② 《贵州高速集团社会责任报告》(2017年度)。

排、污染治理、环境修复、可持续发展领域积极履行企业生态责任，取得较多实效。与此同时，我们应当看到贵州在生态保护和经济发展方面存在广大进步空间，尤其是正视贵州生态脆弱、历史欠账和遗留问题较多、环境保护压力依然严峻的事实，比如贵州省突出的乌江流域磷排放超标问题、矿产资源枯竭区重金属污染超标问题、山地石漠化形势严峻问题，在发挥政府协调建设、治理、保障的同时，都需要相应的国有企业主动承担企业主体责任、积极奉献生态建设责任，以重点解决影响当前、当地发展的环境问题为己任，以高度的政治责任感，为开创多彩贵州新未来做出新的贡献。

B.4
2017年贵州省国有企业文化建设责任报告

张云峰*

摘　要： 企业理念、企业精神、企业价值观是国有企业文化的重要组成部分，是国有企业发展的强大凝聚力和创造力，对企业的可持续发展具有长久的影响力。贵州省国有企业高度重视企业文化建设，在党建文化、企业文化、职工文化方面成效显著。继续加强贵州省国有企业文化建设，助推国有企业健康持续快速地发展，具有十分重大的现实意义。

关键词： 国有企业　文化建设　责任报告

习近平总书记在庆祝中国共产党成立95周年讲话中提出了四个自信：道路自信、理论自信、制度自信、文化自信，并认为"文化自信是更基础、更广泛和更深厚的自信"。中国博大精深的传统文化和中华民族源远流长的民族记忆是文化自信的根基，进一步坚定了

---

* 张云峰，贵州省社会科学院党建研究所副研究员。

党带领全国各族人民走中国特色社会主义道路的信念。文化是一个民族的灵魂和血脉、精神记忆和心灵家园，亦是一个企业持续发展的精神基础。企业文化是企业在生产销售等系列过程中形成的目标、价值标准、基本理念和行为规范综合而成，并得到多数成员遵循，是凝聚人心、融洽气氛、团结意识、坚定信念的必要保障，是企业可持续发展智力源泉和企业管理的重要内容之一。国有企业是国民经济支柱，在中华民族伟大复兴过程中地位和作用明显，肩负的社会责任重大，企业文化是国有企业健康持续快速发展和履行责任与义务文化根基。企业理念、企业精神、企业价值观是国有企业文化的重要组成部分，是员工的精神动力，国有企业发展的强大的凝聚力和创造力，对企业的可持续发展具有长久的影响力。

一 贵州省国有企业文化建设现状

贵州是多民族省份，境内各种文化缤彩纷呈，文化资源极其丰富，具有深厚的文化底蕴，为贵州省国有企业文化建设提供了良好的文化氛围。党的十八大以来，贵州省国有企业高度重视文化建设，成效明显，推动着国有企业持续高效发展。

（一）贵州省国有企业高度重视党建文化建设

党的十八大以来，以习近平同志为核心的党中央特别重视文化建设，不断推进文化管理创新，将社会主义先进文化建设纳入"五位一体"总体布局、统筹推进。贵州省国有企业以习近平新时代中国特色社会主义思想为指导思想，牢牢把握住党对企业文化建设的领导，切实提高思想认识，真正把握好当前企业文化建设的重点任务与工作方向。贵州省国有企业党委积极发挥党建引领作用，结合党和国家的大政方针，积极贯彻党的路线方针，重视基层党组织建设，充分展示党建在文化教育人、引导人、激发人的特有功能和优势，发挥基层党组织和党员干部在文化发展中的主体作用，全面塑造有理想、懂战略、善创新、讲诚信、守道德、讲纪律、有文化的企业人，为新时期企业文化建设铸牢广泛的群众基础。

1. 积极组织员工观看党的十九大开幕式，第一时间学习领会十九大精神

十九大是我党历史上重要的一次盛会，是实现中华民族伟大复兴和中国梦的誓师大会，是我国现代化建设时期特别重要的会议，将会对国家未来的发展产生重大影响。为了更好地学习和领会党的十九大会议精神，指导企业科学发展，贵州省国有企业党委第一时间组织党员干部和群众观看十九大开幕式，认真聆听习近平总书记所做题为"决胜全面建成小康社会、夺取新时代中国特色社会主义伟大胜利"的报告，让党的声音及时传到企业每一个角落，激励着党员干部奋发图强。

贵州茅台集团党委组织党员干部和群众在一个主会场（会议中心）和六个分会场收看开幕式现场直播，党员干部聚精会神聆听了习近平总书记代表第十八届中央委员会作的大会报告后，真切感受到十八大以来党领导全国人民走过的光辉历程和取得的巨大成就，对十九大之后党和国家的进一步发展充满无限希望。大家一致认为，将认真学习、深刻领会党的十九大精神，在思想上、行动上同党中央保持高度一致，以实际行动贯彻落实十九大精神，把茅台

品牌维护好、发展好。

贵州乌江水电开发有限责任公司组织党员干部用《没有共产党就没有新中国》《歌唱祖国》《唱支山歌给党听》等红色歌曲迎接十九大开幕。聆听了习近平总书记的报告后，纷纷表示，在工作中一定会积极努力，倍加进取，用实际行动为党的事业奉献自己的力量。

瓮福集团组织党员干部群众通过电视、电台、网络、移动客户端等传播平台，认真聆听习近平总书记做工作报告，大家一致认为，党的十八大以来，以习近平同志为核心的党中央，大势观得准、大局定得稳、大事谋得实，团结带领全党全国各族人民，推出一系列重大战略举措，出台一系列重大方针政策，推进一系列重大工作，解决了许多长期想解决而没有解决的难题，办成了许多过去想办而没有办成的大事。作为新时期的产业工人，深刻领会报告的精神实质，结合自身工作实际，奋力创新工作，以更加饱满的激情投入公司"固本强基、转型发展"的实践中，为企业持续健康发展做出不懈的努力。

开磷控股集团组织集中收听收看十九大开幕会实况直播，听了习近平总书记所做的报告，对实现中华民族伟大复兴中国梦充满信心，对美好生活向往的实现充满信心，对开磷未来的发展充满信心，纷纷表示要深入学习领会习近平总书记所做的报告精神，立足岗位认真抓好贯彻落实，真正把党的十九大精神贯彻到各项具体工作中。

贵州中烟工业有限责任公司组织党员干部群众集中收听收看十九大开幕会，听了习近平总书记所做的报告，大家表示，十九大的

召开是党政治生活中的一件大事，在党中央的正确领导下，以习近平总书记的讲话精神为工作指引，形成努力奋进的工作氛围，认真学习领会十九大精神，认真履行党员义务，切实践行党员责任，为实现中华民族伟大复兴的中国梦做出积极的贡献。

2. 十九大后，贵州省国有企业努力用习近平新时代中国特色社会主义思想指导自己的企业工作，推动国有企业党建工作和服务人民迈上新台阶

党的十九大报告进一步指明了党和国家事业前进的方向，是我们党团结带领全国各族人民在新时代坚持和发展中国特色社会主义的政治宣言和行动纲领。为帮助和引导省国资系统广大党员干部群众全面准确领会党的十九大精神和习近平总书记在参加贵州省代表团讨论时的重要讲话精神，把企业系统干部群众的思想和行动统一到党的十九大精神和习近平总书记重要讲话精神上来，2017年11月10日上午，贵州省国资委在贵阳对系统企业开展党的十九大精神集中宣讲。在国有企业迅速掀起深入学习宣传贯彻党的十九大精神热潮，确保党的十九大精神进企业，并在企业落地生根、开花结果。

贵州银行组织学习贯彻党的十九大精神。贵州银行的全体党委委员分别谈了自己的学习心得体会，并结合实际提出如何在工作中抓好党的十九大精神在贵州银行扎根、开花结果。党员干部职工认为必须做到："两个永远感恩"，即永远感恩党中央的亲切关怀、感恩习近平总书记的亲切关爱。做到坚决维护以习近平同志为核心的党中央权威和集中统一领导。把十九大精神与贵州银行的工作实际相结合，全面贯彻新时代党的建设总要求，大力推进贵州银行党的

政治建设、思想建设、组织建设、作风建设、纪律建设。工作中，不断创新产品和机制、优化制度和流程，积极服务小微企业、服务"三农"、服务实体经济，积极支持供给侧结构性改革，大力助推三大战略行动和发展绿色信贷，切实加强全面风险管理，牢牢守住不发生系统性金融风险的底线。

贵州茅台集团深入学习宣传贯彻党的十九大精神，集团召开党的十九大宣讲工作推进会，把宣传党的十九大精神作为公司首要政治任务，专门成立党的十九大精神宣讲团，制定《茅台集团党的十九大精神宣讲提纲》，真正让员工群众听得懂、能领会、可落实，确保十九大精神进班组、进晾堂、进食堂。通过宣讲，使广大党员员工思想进一步统一，理想信念进一步坚定，宗旨意识进一步增强，敬业精神进一步弘扬，从而有力促进公司的发展。

贵州开磷集团组织学习贯彻党的十九大精神大会。全部党员干部认为，深刻理解党的十九大胜利召开的伟大历史意义，全面把握习近平新时代中国特色社会主义思想的深刻内涵，切实把思想和行动统一到党的十九大精神上来，坚决维护以习近平同志为核心的党中央领导，深化作风建设，以管党治党新成效为经济社会发展注入新动力。纷纷表示，今后的工作中将以实际行动学习好、宣传好、贯彻好、落实好十九大精神，为新时代开磷各项事业的发展贡献自己的力量。

贵州电网公司学习贯彻党的十九大精神，让广大人民群众从"用上电"到"用好电"，全力做好精准扶贫的工作。贵州电网公司立足贵州贫困地区实际，探索央企整县帮扶模式，建立"扶贫地图"，大力推进扶贫"四项行动"，贵州电网公司结对帮扶紫云

整县脱贫工作,陆续向紫云县派出7名扶贫干部组成南网扶贫"兄弟连",构建了县级扶贫干部负责统筹资源、乡镇级扶贫干部负责沟通协调、村级扶贫干部负责实施落地的三级联动扶贫模式。经过近两年的扶贫攻坚,结对帮扶紫云整县脱贫工作初见成效。贵州电网7名扶贫干部许下"紫云不脱贫,绝对不收兵"的庄严承诺使媒体记者深受感动,在深度贫困地区的一间简朴的"脱贫小屋"里,展现了央企人对学习贯彻党的十九大精神、全力打赢脱贫攻坚战的自信。

瓮福集团党委特邀贵州省知名专家到公司开展专题宣讲和安排集团公司领导带头宣讲。专家以"把新时代中国特色社会主义推向前进"为主题,围绕新时代、新特点,新使命、新思想,新征程、新目标,新气象、新作为等四个方面的内容,联系贵州的发展实际,对党的十九大报告及习近平总书记在参加贵州代表团讨论时讲话精神进行了深入浅出的解读。公司领导以"牢记嘱托感恩奋进坚韧创新开创企业转型升级发展新局面"为主题带头讲党课做宣讲。宣讲既聚焦党的十九大精神,又紧密结合瓮福集团在新时代的主要矛盾体现和发展战略规划,结合集团公司党委对全面从严治党的决策部署和工作安排,结合干部职工关心关注的热点问题,在员工中引起强烈反响。

贵州中烟围绕十九大精神,要求全体干部员工把学习宣传贯彻党的十九大精神作为工作的首要政治任务,把学习成效转化为促进企业发展的实际行动。全体干部职工必须把十九大精神作为指导,把十九大确定的各项作为当前的奋斗目标,精心组织宣传、学习活动,有效推动党的十九大精神入心入行,学习取得实效明显。

3. 贵州省国有企业高度重视党的建设，通过党的建设推动国有企业各项工作发展

加强党的领导，不断推进党的建设，是我国国有企业不断取得伟大成就的主要原因。国有企业是新中国成立以来战胜一切困难取得胜利的重要力量，是贯彻习近平新时代中国特色社会主义思想、落实新发展理念、全面深化改革开放、全面建成小康社会、增强中国在国际社会上的综合实力、落实国家战略的关键力量，因此，习近平总书记高度重视国有企业党的建设，期望通过国有企业加强党的领导，充分发挥政治核心作用，进一步促进国有企业的发展。

贵州中烟工业有限责任公司高度重视企业党建工作，党委从以下方面着力来抓基层党组织建设：一是严格推进"两学一做"学习教育常态化制度化。二是不断加强和改进党委（党组）理论学习中心组学习。三是认真学习贯彻贵州省第十二次党代会精神，推动公司在产品研发、生产制造、品牌建设、市场营销、管理上不断精益求精，更有质量、更具内涵地持续稳定发展。贵州中烟要求各级党组织把握"五个深入"，进一步推动党的思想、组织、作风和制度建设。一是深入推进党的十八届六中全会和习近平总书记系列重要讲话精神的学习贯彻，不断加强思想理论建设；二是党的十九大召开后，深入学习贯彻落实党的十九大精神，开展"迎接十九大，做合格党员"主题实践活动；三是深入推进基层党建工作，不断夯实党的基层组织建设；四是深入开展党风廉政建设和反腐败工作，切实将"两个责任"落到实处；五是深入推进精神文明建设，支持群团组织创造性开展工作。

贵州电网公司2017年基层党建工作成效明显，主要有以下成

就：一是搭建了一个平台,即"公司宣讲团、专家讲坛和工人讲习所"等党的十九大精神学习宣传平台,以党的建设支撑了企业改革创新取得优异成绩;二是压实了一个责任,各单位党委书记能够把党建工作真正放在心上、扛在肩上、抓在手上,较好地履行了党建工作第一责任人职责;三是健全了一个体系,圆满完成公司党组改党委工作,全面规范县级党组织设置,健全了基层组织体系,推动了全面从严治党向基层延伸;四是建设了一个品牌,围绕增强先进性、纯洁性,增强学习力、执行力,实施"三个计划、三个平台",开展了"电亮先锋"党建品牌建设;五是打造了一支队伍,树立正确选人用人导向,高素质专业化干部队伍初步建立;六是营造了一个环境,坚持抓好党风廉政建设和反腐败斗争,运用好监督执纪四种形态,强化内部巡视巡查和巡视整改,持之以恒推进五个专项治理。

瓮福集团实行"两学一做"学习教育常态化制度化。瓮福集团自2016年4月29日启动"两学一做"学习教育工作以来,在真"学"上深化拓展、在实"做"上深化拓展等七个方面出发,公司各级党组织抓牢"学"的基础,抓实"做"的关键,抓紧"改"的核心,抓好"责"的保障,扎实推进"两学一做"学习教育,使公司思想建设取得突破、"四个意识"显著增强,支部建设取得突破、组织生活更加规范,问题整改取得突破、整体水平有力提升,中心工作取得突破、发展合力空前释放,在严峻内外环境下,稳住了生产经营基本盘子,产业升级呈现多点突破局面,充分彰显了学习教育的凝聚力和生命力。

开磷集团党委加强党员干部的理论学习,学习《习近平总书记关于抓落实的主要论述摘编》、《党的十八大以来中央巡视工作总结》、中央《关于加强新形势下党的督促检查工作的意见》和省委《关于加强新形势下党的督促检查工作的实施意见》及《贵州日报》乾兴平署名文章《撸起袖子，实干兴省》等内容。强调坚持党的领导，坚持提质增效，坚持绿色发展，坚定创新之路，不断做强做优做大开磷。

茅台集团高度重视基层党组织建设，成效明显。茅台集团一致认为，国企的发展水平考验着党委驾驭全局的能力，不断加强党的建设，让茅台的基层党建工作与茅台的品牌相匹配，实现响亮的国有品牌与过硬的基层党建工作，通过党建引领企业的发展。因此，茅台集团按照"党建是第一抓手，产销是第一要务，增速是第一目标，效益是第一尺度"的工作思路，实现企业改革发展与中央省委精神"同频共振"、党建工作与生产经营"同频共振"、公司各级党组织抓党建的意志和水平保持"同频共振"的"三个同频共振"。[①] 茅台基层党组织建设的发展，推动茅台引领着中国白酒行业的健康发展。

（二）贵州省国有企业文化建设情况

贵州省国有企业结合自己生产和经营的实际情况，高度重视国有企业的文化建设的理念，着力从物质文化、精神文化和制度文化方面构建和培育企业的文化体系，通过提升企业的文化品位来塑造企业的形象。实践上，贵州国有企业通过企业文化建设，多

---

① 《"三个同频共振"振出核心竞争力》，《贵州日报》2017年4月19日。

角度、多层次、全方位提升了产品和服务在社会上的美誉度,力求获得内部员工和社会的忠诚度和认同感,为企业持续跨越发展提供源源不断的智力支持。

1. 贵州国有企业物质文化建设

国有企业物质文化是指国有企业创造的物质产品和服务,包括生产工具和劳动对象以及创造物质产品的技术和服务。国有企业物质文化是国有企业发明创造的技术和物质产品的显示存在和组合,不同物质文化状况反映不同的经济发展阶段以及国有企业物质文明的发展水平。

贵州茅台集团一直奉行"大品牌,大担当"的战略,在企业文化建设方面,力求企业文化建设与品牌的知名度相一致。在物质文化建设方面,茅台已经形成从产品包装、建筑设计、员工形象等方面,都深深打上企业的文化符号,从内到外都巩固和加深了茅台文化建设的成就。在产品包装方面,从酒瓶包装、酒盒包装和酒箱的包装上都体现茅台独特的文化符号。在建筑设计方面,从原料储存仓库、生产车间、酒库库房到专卖店,都传递着茅台连贯统一的文化符号和文化建设的价值理念,比如酒神雕塑、巴拿马纪念碑、周恩来铜像等景观能够充分体现茅台文化建设的价值理念。员工形象方面,茅台集团一直强调员工的形象必须与茅台的品牌形象和价值理念相符合。

瓮福(集团)企业物质文化建设成效显著,其产品已经是业界翘楚。瓮福集团现已成为集磷矿采选、磷复肥、水溶肥、磷硫煤化工、氟碘化工生产、农产品种植及仓储贸易、科研、化工品国际国内贸易、行业技术与营运服务、国际工程总承包于一体的国有大型企业。集团现已形成以贵州为核心，甘肃金昌、四川达州、福建上杭为支撑的四大生产和研发基地。瓮福主产品磷酸二铵、磷酸一铵被评为"中国名牌产品""国家免检产品"，宏福牌商标被评为"中国驰名商标"，并被国家商务部授予"最具市场竞争力品牌"。

开磷集团物质文化建设。开磷集团产品宣传广告语"开磷二铵，不同一般"，宣传广告语基本释义有三点：开磷集团拥有世界优质磷矿资源；采用自主创新工艺制造；不添加着色剂，是肥中精品。开磷集团拥有得天独厚的磷矿资源优势，在开磷国家规划矿区内拥有磷资源总量6.54亿吨，已探明储量4.13亿吨，保有工业储量3.92亿吨，平均五氧化二磷含量33.67%，其中32%以上的富磷矿资源集中在开磷矿区，具有磷矿资源储量大、品位高、有害杂质少、重金属元素镉含量未检出的特点，是国内唯一不经选矿就可用于直接生产高浓度磷复肥的优质原料。开磷集团是我国乃至亚洲第一个大型坑口化肥生产企业，依靠消化吸收自主创新工艺生产出的磷酸二铵，颗粒光滑圆润，色泽纯净通透，外观润感强，养分全面充足，肥效显著，水溶性好，适用于所有农作物和各种土壤。"开磷"牌本色磷酸二铵产品，用优质磷矿资源生产，不外加任何着色剂，产品颗粒强度高、易溶解、无杂质、不结块，水溶后似乳白色牛奶一般。

贵州轮胎股份有限公司作为中国民族品牌上市企业，"军工品质"一直是贵州轮胎对自身的严格要求，贵州轮胎始终坚持"以市场为导向，发展自己的特色产品"，不断开发和研制满足市场需求的新产品，公司拥有多项专利技术，开发生产的军品轮胎为祖国的国防事业做出了积极的贡献。特别是在军品轮胎、特种轮胎、工程机械轮胎、绿色环保轮胎中，具有耐刺扎、防偏磨、高速行驶性能、卓越的越野性能和安全性能是贵州轮胎的优势，连续多年参加了1999年、2009年的国庆阅兵和2015年抗战胜利70周年的阅兵仪式，接受了祖国和人民的检阅。

2. 贵州国有企业精神文化建设

企业自身独特的价值理念、目标任务、发展要求和社会责任构成了企业的精神文化。企业文化的核心是企业精神，是企业文化建设的关键因素，起着支配作用。企业精神通过员工群体的精神面貌展现，是企业文化建设的重要组成部分。企业精神对企业的价值观、生产管理、质量理念、销售理念、团队建设和社会责任起着决定性的作用。

贵州茅台集团的企业精神为：爱我茅台、为国争光，员工的"四自"精神"自出难题、自讨苦吃、自加压力、自强不息"，"爱岗敬业、吃苦耐劳、勇于探索、甘于奉献"是茅台传统，"艰苦奋斗、团结拼搏、继承创新，争创一流"的茅台精神，"以人为本、以质求存、恪守诚信、继承创新"的核心价值观，"弘扬国酒文化，追求创新卓越"和"酿造高品位的生活"的使命等不断推动着茅台前行。

瓮福集团以"植根瓮磷，共谋福祉"为使命，以"专于绿色生态，巩固矿产资源基础，精于化工化肥，致力于服务中国工农现代化"为愿景目标，稳健发展化肥与化工，做实做强贸易及技术服务，大力开拓现代农业综合服务，强化机制、金融、技术、物流与信息化四大支撑，锤炼十项关键能力，建立价值驱动发展模式，引领战略转型。

在贵州茅台集团习酒公司围绕"塑习酒品牌，建和谐酒城，为国酒增光，担社会责任"的企业使命，践行"崇道、务本、敬商、爱人"的核心价值观，打造"君品"文化体系，外抓市场、内抓管理，形成独特的企业精神文化。

开磷集团的企业精神为：负重攀越，勇往直前，基本内涵为：忍辱负重，不屈不挠，竭力攀登，敢为人先。在任何困难面前决不退缩，一往无前，坚信开磷的明天更美好。

贵州中烟公司筑牢"国家利益至上、消费者利益至上"行业共同价值观，坚持贵州中烟"负责任、重执行、求卓越"的核心价值理念，以"新发展理念"为指南，继续践行"三大课题"、提升"五个形象"，主动把握适应新常态，紧紧围绕行业改革发展、企业兴旺发达和"贵烟"品牌长足发展，切实增强全体干部职工自强不息、争创一流的信心和决心，为公司发展提供坚强有力的精神保障和文化支持。

3. 贵州省国有企业制度文化建设

企业的制度文化由企业生产管理销售制度、企业领导架构制度、国家规章制度建设、员工管理制度等构成。企业制度是企业制度文化建设的基础，是企业文化建设的基础和载体，是企业制度文化建设的行为规范和根本保证。企业的发展需要严格执行制度，只有制度的执行才会推动企业的发展，规范员工和企业的行为规范。

茅台集团的制度文化建设围绕做强做大茅台酒进行，高度重视企业制度文化建设，并取得非凡的成就。茅台集团制定了严密的管理制度，尤其是对企业产品质量的管理高度重视，力求产品质量的标准化建设，茅台集团已经建成了《企业标准》《技术标准》《管理标准》《工作标准》等系列标准。此外，在民主管理制度、绩效考评和经济审计方面都制定了完整的规章制度。此外，茅台集团还大力引导茅台股份酒公司、习酒公司、酱香酒公司、技开公司、生态农业公司、循环经济产投公司、保健酒公司完善制度建设，贯彻大茅台制度建设一体化。

瓮福集团高度重视企业制度建设，始终认为制度是企业发展的根本和保障。主动引进国际先进的管理制度，强化对生产销售和员工的管理。目前，集团正在推行瓮福集团管理信息系统项目管理制度，包含项目会议制度、项目报告与沟通机制、问题处理机制、成果确认机制、决策制度、激励措施和惩罚措施等，进一步明确项目组各角色职责及其相互关系；明确项目组内部及对外沟通机制；明确项目组的时间管理办法；明确项目实施方法及其分工协作方式，明确项目实施过程中相关规范的运用。

中国移动贵州分公司认真贯彻中央全面依法治国战略、全面落实国资委依法治企的要求，主动启动和推行"合规护航计划"，合规不仅是国家和地方的相关法律法规，也包括公司一系列规章制度，公司的发展和员工的行动必须在以上法规和制度的轨道上进行，尤其是在专业技术、纪律检查、财务审计方面，各管理层和部门负责人都签订了合规承诺书，坚决保证执行合规的内容和要求。通过强化制度和法制的执行，进一步增强了贵州移动的企业管理能力，为公司的发展提供了坚强的制度保障。

贵州电网公司实行依法治企、加强审计监督、打击违法窃电，扎实推进输配电价改革、电力市场化改革、电力体制改革综合试点等工作，把降电价作为供给侧结构性改革的"牛鼻子"，释放供给侧结构性改革红利,有力支持省内工业经济发展,年内全省市场化交易电量436.48亿千瓦时,保住大工业用电量123.5亿千瓦时,减少用户用电成本47.63亿元,助推省内售电量同比增长15.1%。贵州电网公司在南网公司内首家正式发布《审计业务操作指南》,为促使审计工作向标准化和精益化迈进进行了积极探索和尝试。以精益化管理理念为导向,全方位梳理了贵州电网公司8类审计业务,14类审计业务流程,1464条风险事项。

(三)贵州省国有企业的职工文化建设

职工文化建设是职工提高职业技能素质、丰富精神文化生活、激发劳动热情和创造活力的重要载体,是企业增强凝聚力和提高竞争力的必要手段。

贵州盘江集团是三线建设时期产生的企业。20世纪六七十年代,盘江的三线建设者在异常艰苦的条件下创造了丰富的物质财富,也为后人留下了宝贵的精神财富。盘江集团高度重视三线历史的挖掘和三线精神的传承发展,做好文物文献征集、历史文化保护等一系列工作,建设好盘江人的精神家园,提升企业文化软实力,让职工群众铭记三线历史,传承三线精神,弘扬三线文化。盘江集团对三线建设文物文献的收集、整理、妥善保管,让公司三线人找到精神家园,有了精神的慰藉场所,丰富职工的文化生活。

贵州茅台集团公司组织召开以"健康生活快乐工作"为主题的"茅台集团职工文体协会工作推进会",落实习近平总书记对群团工作、全民健康、体育强国等方面的重要讲话精神和批示。集团加大政策、人力、物力、财力等方面对职工活动的支持力度,推进

"茅台集团职工文体协会"工作又好又快发展，促进茅台集团群团工作建设。满足广大员工精神文化生活需求，丰富公司员工业余文化生活，增强员工队伍凝聚力和向心力，打造"健康茅台"，促进公司"文化"建设，为集团公司"文化扬企"贡献力量；夯实集团公司打造千亿元级企业的员工文化基础，为集团公司"做强、做大、做优、做久"贡献力量。"茅台集团职工文体协会"成立于2014年，通过三年的发展，现有分协会9个。茅台酒集团开展更丰富多彩的协会活动，诚邀茅台员工根据自身特点，积极参加协会活动，锻炼自身体魄，增强团队意识，提升文化素养，为茅台集团"文化扬企"不断提升奉献力量。

贵州茅台集团习酒公司于2017年举办了第六届职工文化艺术节，自活动开展以来，各项目活动异彩纷呈、交相辉映，形成了健康高雅、文明和谐、独具习酒特色的职工文化。举办文化艺术节，目的在于组织员工积极参与，用歌声、舞姿和创意尽情地展示自己的才华，展示习酒人的朝气，展现公司发展的新业绩。通过举办职工文化艺术节，有效地凝聚职工力量，传扬先进思想和公司文化，把职工的文化艺术生活提到一个新的高度和水平，充分体现群团工作的政治性、先进性和群众性特点，并培育出更多具有艺术才华和创意创新思想的优秀人才。

瓮福集团高度重视员工体育事业的发展工作，认真贯彻落实《全民健身计划纲要》，高标准建设了体育健身场馆，开展系列群体性健身活动，员工精神文化生活日益丰富，精神风貌更加充满朝气；在构建资源节约型和环境友好型企业中，瓮福因"绿色、低碳转型"而更令人向往。贵州省总工会女职工委员会将瓮福集团作为全省女职工徒步活动的三个分会场之一，瓮福集团以活动为契机，引导员工牢固树立生态文明理念，争当推动绿色发展、推进生态文明建设的先行者、主力军。2017年，瓮福集团举办女员工"徒步"迎"三八"活动，200余名女员工参加了用"走"的方式，倡导大家低碳出行、绿色出行，迎接第107个"三八"国际劳动妇女节，活动主题为"倡导绿色出行，共建生态文明"。春暖风和日丽，运动强身健体。希望大家以饱满的热情，在徒步中领略运动的魅力，享受绿色生态的快乐，用健康的体魄和旺盛的精力投身到瓮福三年行动计划实践中，为瓮福完成各项生产经营任务和"四个全球行业第一"目标的实现做出新的更大贡献。

贵州乌江水电公司工会组织开展的"三力贵彩，你最有艺"书画摄影采风活动，展现职工精神风貌，丰富职工精神文化生活。2017年公司工会组织开展了"三力贵彩，你最有艺"职工摄影书画、手工艺品征集评比活动。此次书画摄影采风活动，让各单位书画、摄影爱好者近距离感受基层一线的生产管理、工程建设风貌，通过深入基层写生、创作交流，用笔墨和相机创作出反映基层生产管理、工程建设、员工风采的好作品。

二 贵州省国有企业文化建设存在问题及对策建议

（一）存在的问题

贵州省国有企业文化建设成效明显，文化建设的成果反作用于企业发展，为企业承担更多的社会责任奠定文化基础。但是贵州省国有企业在文化建设过程中，还存在以下的问题。

1. 企业文化建设规范的管理制度欠缺

贵州省个别国有企业的管理层的企业管理理念落后，随意性较大，没有制定系统规范的企业文化建设制度，尚未从根本上意识到企业文化建设的重要性，企业文化建设与企业管理之间的有效连接目前依然处于断裂状态，阻碍了企业文化建设的发展，进一步制约着企业长远发展。

2. 缺乏规范和先进的理论指导

贵州省国有企业存在缺少系统规范的国企文化理论指导，导致企业文化建设处于瓶颈，无法质变。个别企业片面认识企业文化就是开展文体活动；个别企业认为企业文化建设与企业发展关系不大，花大力气发展企业文化就是吃力不讨好，认为总结几条经验，提出几句响亮的口号，贴在墙上，竖在牌上就可以。

3. 表达过于缺乏个性，无法展示企业内在潜能和文化内涵

贵州省个别国有企业文化建设过程中，没有将企业独特的个性展示出来，墨守成规，缺乏自身鲜明的个性和创新性的风格，缺乏在新的文化建设道路上的创新探索，阻碍了企业文化建设发展的步伐。

4. 传统文化消极方面对国企文化建设的制约

传统文化是国有企业文化建设的根基，但是传统文化的消极方面无意之中束缚个别国有企业的发展，如重人际关系、团队凝聚力不强、用人机制比较呆板、执行力不强、竞争意识弱化等，最终成为国有企业发展的阻碍。

（二）对策建议

企业文化是企业的精神源泉，是企业核心竞争力之所在，是国有企业在激烈的竞争中取胜的关键因素。贵州省国有企业承担更多的社会责任，需要进一步重视企业文化的发展，培育企业强大的软实力，建议从以下方面进一步加强，具体对策建议如下。

1. 进一步增强国有企业管理者的综合素质

国有企业管理者必须储备企业文化建设的相关基础知识，具备国有企业文化建设基本领导能力，在国有企业文化建设工作中具备思路清晰、运筹帷幄、主次分明的领导能力，能够运用先进的理论和科学的方法指导企业文化建设工作。除此之外，思想上高度重视，国有企业各级管理者必须在思想上高度重视企业文化的建设，认识到企业文化建设对企业发展的重要性和意义，认识到企业文化建设在企业生产和销售过程中对凝聚员工向心力的重要性，在实践中主动成为企业文化建设的力行者、推广者、建设者和维护者。

2. 制定科学合理的规划，科学有序地推进国有企业文化建设

国有企业文化建设是一项庞大的系统工程，实践中需要思虑周全、前瞻后顾、主次兼顾，以整体观、全局观、发展观来指导建设。科学合理的规划是国有企业文化建设的依据，规划的制定是从企业的使命、蓝图、愿景出发，设定企业合理的目标，让目标为引领，逐步有序推进国有企业文化建设工作。

3. 增强国有企业文化建设的创新能力

国有企业要在企业文化建设中，须避免同质文化或者临摹别的企业文化建设的现象，国有企业应结合自身实际，努力打造一支企

业文化建设的创新型团队,在企业文化建设中营造不断创新的良好氛围,形成具有本企业独特个性的企业文化建设团队。国有企业文化建设团队要善于在社会主义核心价值观的引领下吸收借鉴国外企业文化建设的成果和经验教训,尤其是西方资本主义国家大型企业文化建设中的成果和经验,同时也要高度重视和汲取中华传统文化的优秀成果,古为今用,洋为中用,只有这样,国有企业文化建设才能根据内外部情况的变化而适时调整,具备创新的能力和本领,其成果才会成为有根之木,有源之水。

4. 发挥员工积极性,让更多的员工在企业文化建设中共建共享文化建设的成果

在企业文化建设的实践中,调动国有企业全体员工努力参与企业文化建设非常关键。调动员工积极性,大家群策群力是企业文化建设的群众基础。国有企业文化建设中,管理者要倡导和鼓励员工积极参与到文化建设中来,汲取更多有益意见和建议,让全体员工在企业文化建设中感觉到自己的存在,对企业文化具有高度的认同感,才会接受企业文化,才会积极参与企业的文化建设。

5. 加强企业文化建设基础设施的投入

企业文化建设非一日之功而成,需要企业加大财政的投入,在管理人员、设备场地、基础设施、企业个性文化等方面投入大量的资金,只有在严格的管理和大量的财力投入下,不断提高企业的文化管理队伍水平,不断挖掘企业相关的文化资源,不断提炼企业的价值魂魄,不断丰富企业的文化内涵,企业文化才会逐渐取得成就,才会在员工和社会上扎根,才会被外界接受。

参考文献

栾强:《我国企业文化建设亟待解决的问题及对策》,《山东社会科学》2017年第1期。

孙宁、胥卫平:《国内企业文化建设的问题研究》,《时代金融》2018年第2期。

戎江:《企业文化建设的路径选择》,《山西财经大学学报》2014年第4期。

区域篇

Regional Report

B.5 2017年遵义市国有企业社会责任发展报告

周芳苓 郭 飞 杨春香*

摘 要： 基于"脱贫攻坚，同步小康"战略及政策背景，通过遵义市国有企业社会责任的客观考察，本文旨在审视国有企业履行社会责任的基本形态及所处阶段，并由此关注国有企业社会责任发展的未来取向。调研发

---

* 周芳苓，贵州民族大学社会学博士生，贵州省社会科学院研究员，贵州民族大学硕士生导师，研究方向为应用社会学、民族地区社会工作；郭飞，贵州民族大学民族学与社会学学院2016级硕士研究生；杨春香，贵州民族大学民族学与社会学学院2017级硕士研究生。

现，遵义市国有企业在履行社会责任上大体经历了"从无到有""从被动到自觉""从形式到内容"的变迁过程，并在扶贫帮扶、生态建设、公共服务、慈善事业、科技创新、可持续发展等领域做了大量富有成效的工作，呈现"社会化""常态化""规范化"的特征。从未来发展看，遵义市国有企业理应继续秉承"大企业承担大责任"社会责任观，充分利用好"大扶贫、大数据、大生态"三大战略行动的有利机遇，切实重视、研究、解决好有关履行企业社会责任过程中面临的短板，为实现"百姓富、生态美"多彩遵义新未来而奋发有为。

关键词： 国有企业　社会责任　遵义市

改革开放四十年来，我们党团结和带领全国各族人民，坚持党的基本路线不动摇，全力推动改革开放各项事业快速发展，创造了史诗般的奇迹，实现了历史性巨变，让世界为之惊叹。在党中央国务院和省委省政府的正确领导下，遵义市各族干部群众乘势而上，锐意改革、克难奋进，不断为遵义经济社会发展谱写新篇章、铸就新辉煌。

"改革开放四十年，黔北旧貌换新颜"是四十年来遵义市经济社会发展的真实写照。在改革开放的伟大历程中，国有企业往往以特有的历史使命与担当，在经济社会发展过程中始终发挥着举足轻重的历史

性作用。与此同时，伴随着社会建设事业在整个经济社会发展中的地位凸显，国有企业开始逐步迈入这一巨大民生性工程的建设之中，并在扶贫帮扶、生态建设等领域，做出了积极而突出的贡献。

伴随着经济转轨、社会转型的加速推进，遵义市不断深化科技创新、旅游管理、税收征管、政府性债务管理、公共资源交易、金融运营管理、投资项目管理以及商事制度等体制机制改革，充分激发了经济发展活力。与此同时，遵义市紧紧围绕创新企业管理体制、转变企业经营机制、推动政企分开、剥离企业经办社会服务职能，基本完成了市属、县属国企改制；完成了遵运、物资、水务集团等市属国企组建；着力建立现代企业制度、提高经营效益，推动企业重组、股改、上市；市辖范围内的贵州长征电器、赤天化、茅台酒、钢绳等4家股份有限公司挂牌上市。截至2017年，遵义市县属国企共206户，资产总额6220.6亿元；同年，遵义城建投资、交通旅游投资、道桥建设、金融控股等四大集团公司筹建启动，从而进一步拓展了遵义市国有企业发展的空间与实力。

值得指出的是，伴随着发展领域、规模的扩展和实力的壮大，遵义市国有企业不仅较好地承担了地方经济发展的责任，同时在扶贫帮扶、环境保护、公共服务建设、慈善事业发展、科技创新推进等社会建设事业领域做了大量富有成效的工作，较好地履行了国家企业的社会责任。

一 树立科学社会责任观，履行好社会责任

众所周知，企业社会责任从广义上看，通常其内容涵盖众多

方面或领域。具体来看，主要包括以下几方面的内容：一是坚持诚实守信，确保企业产品货真价实的责任；二是坚持科学发展，担负起增加税收和国家发展的使命；三是坚持可持续发展，高度关注节约资源，改变经济增长方式，发展循环经济；四是坚持保护环境，担当起维护自然和谐的重任；五是支持公共服务建设，担当起发展医疗卫生、科技教育和文化建设的责任；六是发展慈善事业，重视和承担起扶贫济困的责任；七是维护职工权益，确保职工待遇和承担起保护职工生命、健康的责任；八是推动科技创新，重视科技研发和引进技术的消化吸收，加大资金与人才的投入，等等。

那么，在现实经济活动中，遵义市国有企业又是如何体现自身的社会责任理念的呢？调研发现，目前遵义市国有企业通常以一种或几种形式体现自身企业的社会责任理念：一是在企业发展战略中有社会责任的描述；二是已制定社会责任目标、指标和管理方案；三是有专门负责企业社会责任的办公室及主管；四是已编写发布社会责任报告；五是与利益相关方建立了有效的沟通机制；等等。

表1 茅台集团企业社会责任观

责任类别	内容
企业社会责任观	大品牌承担大责任
企业公民责任	爱我茅台,为国争光
社会责任理念	立足国酒,奉献社会,成就自我,完美人生,立足茅台,奉献仁怀,厂市同心,共谋发展
科学发展责任	稳健经营,持续成长,光大民族品牌。一品为主,系列开发,确保做好酒内文章;做精主业,上下延伸,理性拓展酒外天地
优质服务责任	顾客心动,我们行动;行动换取心动,超值体现价值

续表

责任类别	内　容
诚信经营责任	崇本守道，坚守工艺，贮足陈酿，不卖新酒
员工发展责任	以才兴企，人企共进
卓越管理责任	弘扬国酒文化，追求创新卓越
环境保护责任	护我环境，惜我资源，立我企业，惠及子孙
全球视野责任	健康永远，国酒永恒，享誉全球

资料来源：根据茅台集团官网有关"企业社会责任观"内容进行整理。

事实表明，企业社会责任观树立得科学与否，事关国有企业的发展取向、未来竞争力，事关国有企业能否履行好自身社会责任，因此，其具有特殊的重要性与意义。调研也发现，一个成功的国有企业，往往拥有自身一整套科学有效的企业社会责任观，其内容涵盖企业发展的众多领域。

从表1中可见，茅台集团公司不仅拥有科学系统的企业社会责任观，更拥有反映茅台集团发展的国际视野与超前理念，其丰富的内涵见证了知名品牌国酒茅台的成功，浓缩了遵义市辖区范围内两百余家国有企业的文化特质与人文风貌。

二　履行企业社会责任，助力脱贫攻坚进程

改革开放以来，遵义市委市政府带领全市人民，始终坚持以脱贫攻坚总揽经济社会发展全局，以完善社会保障体系稳步提高人民满意度，以推进社会事业全面发展实现人民美好生活，始终致力于锲而不舍战胜贫困，全面增进民生福祉。

伴随着贵州"脱贫攻坚、同步小康"战略进入攻坚期，国有

企业在经济责任、扶贫攻坚、生态建设、转型升级、创新发展等领域中扮演的角色显得越来越重要，其功能作用也显得越来越突出，成为各地实现"脱贫攻坚、同步小康"战略目标不可或缺的中坚力量。

贵州茅台集团公司把脱贫攻坚作为分内之事，全面帮到位，全力做到位。在贵州省委省政府、遵义市委市政府的科学领导下，茅台集团积极探索精准扶贫新模式，间接带动就业数十万人，近12万农户成为直接受益者，户均年收入6400元，投入13亿元用于捐资助学、扶贫济困、义赈救灾等，投资6亿元开展公益事业，荣获中国慈善领域最高政府奖"中华慈善奖——最具爱心捐赠企业"等荣誉，2012年以来，茅台集团共捐赠5.8亿元，帮助十多万名贫困学子圆梦大学。茅台集团捐资1575万元，为西部地区150万名农村小学生捐赠《新华字典》；捐资1900万元，在贵州省部分农村小学建设100所"国酒茅台·希望食堂"；出资2100万元成立"心基金"，定向救助60个贫困县，10000名孤儿和10000个贫困家庭；先后4次率队赴帮扶县道真县考察调研，共商发展大计，制订帮扶方案。直接捐资3000万元，贴息捐资5000万元，协调银行贷款3亿元，支持道真县建成公路800千米。帮扶道真县发展蓝莓种植园区，年产值可达上亿元，提供固定管理岗位200多个，劳务用工10万余人次。茅台集团60个基层党组织对道真48个贫困村开展结对帮扶，募集帮扶资金103万元，为道真"扶贫摘帽"做出积极贡献。

"十三五"以来，道真县在茅台集团的大力支持和帮扶下，县级"减贫摘帽"通过省级验收，省委省政府验收组评价道真"减"

得最精彩、"减"得最真实；2016年在全省50个扶贫开发工作重点县扶贫开发成效考核中名列前茅；2017年在全省脱贫攻坚成效考核中获得优秀等次，是全省连续两年获得优秀等次的5个县之一。2014年初至2017年底，全县累计减少贫困人口4.88万人，贫困人口从6.2万人减少到1.32万人，出列贫困村39个，贫困发生率下降到4.36%。事实上，能取得这样优异的脱贫成效，离不开茅台集团领导班子的高度重视，离不开茅台集团给予全方位的支持帮助。在全县上下向脱贫摘帽发起总攻、全力冲刺的关键时期，茅台集团将竭尽所能再帮一把。2017年，茅台集团为道真县捐赠产业发展资金5490万元，助力道真县产业扶贫、经济发展。今后，茅台集团为深入贯彻落实习近平扶贫思想和中央、省委决策部署，将继续主动承担起脱贫攻坚的重大责任，与道真人民一起努力摘掉贫困县帽子，做到"脱贫不会脱钩，不会离开道真"。茅台集团将始终站在讲政治、负责任的高度，自觉把道真"摘帽出列"放到全省大扶贫格局中来看待和认识，全力帮助道真早日脱贫。具体来看，茅台集团紧紧围绕近两年全省脱贫攻坚战的重点任务，全面落实精准扶贫、精准脱贫基本方略的重大举措，将尽力帮助道真打好这"四场硬仗"（即基础设施建设、易地扶贫搬迁、产业扶贫和教育医疗住房保障），全力解决好住房改造、蔬菜基地建设、公路建设资金、公益助学活动、农产品产销对接采购等相关问题。全面深化6048结对工程，持续开展回报仁怀乡亲、教育扶贫、工艺技术指导、国酒茅台国之栋梁项目，加强丹寨农业产业化项目支持等。公益助学活动和农产品采购也会向道真县倾斜，并利用茅台的资源动员各方参与支持。

贵州省公路开发有限责任公司遵义营运管理中心，聚力高速公路建设，助推黔北经济腾飞，带动遵义百姓脱贫致富奔小康。乘着"改革开放"的强劲春风，贵州发生翻天覆地的巨大变化，可谓"改革发展绘蓝图，高速发展换新颜"。伴随着"十二五"末贵州县县通高速，红色圣地遵义也插上了腾飞的翅膀，飞向了蓝天，飞过了海洋。在中国革命圣地、历史文化名城遵义这片热土上，人处处可以感受到大交通释放的大活力、大效应。而在遵义高速公路发展的历史进程中，贵州省公路开发有限责任公司遵义营运管理中心不仅是这一历史变迁的见证者，更是这一历史嬗变的组织者和建设者。

回顾过去，从1997年贵遵高等级公路建成通车结束遵义市无高等级公路的历史，到2005年崇遵高速公路建成通车，遵义市有了真正意义上的第一条高速公路，再到近年来思遵、遵毕、仁赤、道瓮、檬乐、务正等高速公路相继建成通车，还有正在修建的德务高速和即将修建的仁遵高速，这些项目全部建成后，全市高速公路通车里程将达1200千米以上。伴随着遵义各条高速公路的开通，加之国家级杭瑞、厦蓉、兰海、银百四条高速公路的贯通，遵义将形成贯穿东西、南北的快速运输通道，将显著改善遵义、铜仁、重庆的交通状况，实现相邻地、州、市之间的便捷连接，使遵义成为真正意义上国家规划长江中上游综合开发和黔中经济区综合开发重要区域、成渝—黔中经济区走廊的核心区和主廊道，黔渝合作的桥头堡、主阵地和先行区，成为西南地区承接南北、连接东西、通江达海的重要交通枢纽。

高速公路交通网的形成，不仅给黔北经济腾飞插上了翅膀，更

为全市人民实现脱贫致富奔小康创造了有利条件。表现在：一是遵义高速公路沿线旅游景点得到了进一步开发，极大地推动了遵义旅游产业发展，改善了当地经济社会结构，让百姓的腰包渐渐鼓了起来；二是借高速公路发展之势，遵义市各项物资实现"门到门"直达运输，尤其是我国为农产品运输开设"绿色通道"，加快遵义市农业生产结构的调整和优化；三是遵义高速公路还是一条信息流、财富流，让遵义市老百姓"距离"市场更近，并能及时获得更多市场信息，大大拓宽农村脱贫致富的渠道；等等。

如今，一条条高速公路，是千万筑路人的"脊梁"，书写的是遵义交通大建设的精彩华章，建构出遵义大交通的新格局。四通八达高速路网的日趋完善，有效拉动了内需，对促进遵义市社会经济的发展、自然资源的开发、生产要素的合理布局、相邻区域间的合作、投资环境的改善等都起到积极的推动作用，遵义市的发展，正如一位诗人所写的："车影犹如箭上弦，风驰电掣越千山。黔中坦道连江海，满载欢歌盛世篇。"披荆斩棘，用双手描绘出一幅崭新的画卷。改革发展绘蓝图，高速发展换新颜，高速公路建设朝着"强、富、美"的目标，正助推着黔北经济的腾飞。

遵义市国有资产投融资经营管理有限公司，始终不忘初心、牢记使命，助力贫困地区脱贫攻坚。根据结对帮扶点乐山镇的实际情况，遵义市国投公司在开展万亩扶贫产业带、异地扶贫搬迁、浒洋水村"稻+鱼"项目、新华村漆树湾蔬菜基地等项目的实地考察和深入了解的基础上，有针对性地制定切实可行的对口帮扶举措与思路，旨在助力乐山镇脱贫攻坚进程，让乐山百姓真正走上脱贫致富奔小康的道路。具体举措：一是通过抢抓发展机遇，充分挖掘潜力，积极完善了乐山镇各项基础设施建设；二是通过发挥资源优势，对辖区规划布局进行深入论证，制定符合乐山镇实际的发展路径；三是通过坚守发展底线，牢牢守住"水保区"的青山绿水，坚持了"守得住青山绿水就赚得了金山银山"的发展理念；四是通过建立联系制度，重点围绕项目融资、资源整合等共谋共商发展方向，积极为乐山镇寻求合作项目，齐心协力助力乐山脱贫攻坚。

三 履行企业社会责任，致力于生态文明建设

进入21世纪，尤其党的十八大以来，根据党中央、国务院有关生态文明建设的重大战略部署及要求，贵州紧跟时代步伐，不断提升生态文明建设的战略布局，完善生态文明建设的制度体系，强化生态文明建设的保障措施。与此同时，在省委省政府的领导下，遵义市各族人民大踏步迈入了生态文明建设的新时代。在这一过程中，遵义市国有企业致力于履行企业社会责任，扎实有效推进全市生态文明建设的步伐，做出了积极而重大的贡献。

改革开放尤其是进入21世纪以来，遵义市委市政府通过深化生态文明体制改革，优化了生态环境，有力促进了绿色发展，增加了经济效益。长期以来，遵义市通过积极探索建立"源头严防、过程严管、后果严惩"生态文明制度体系，赤水河流域河长制、环保投融资、环境污染第三方治理、自然资源登记确权等系列制度在全省乃至全国推广。绿色发展机制日益完善，生态环境持续改善，绿水青山正加快变成金山银山。"十二五"以来，遵义市生态文明体制改革成效显著，实施了最严格的水资源、大气环境

质量监测制度，推进治污治水洁净家园五年攻坚行动、乌江流域生态文明制度改革试点、大气水污染防治，环保基础不断夯实。强化生态文明绩效考核和责任追究，基本建立环境质量监测、预警、问责机制。赤水河流域"四河四带"建设加快推进，"河长制"、第三方治理等经验在全国、全省推广。举办了"中国赤水河流域生态经济发展论坛"等，签订了川滇黔三省交界区域环境联合执法协议等，流域环境保护跨区域联动机制不断完善。推进环保司法制度改革，建立了生态环境保护法庭和检察室，实现了环保案件"三审合一"专业化审判。全国领导干部自然资源资产离任审计赤水试点经验等得到中央改革办肯定。

进入21世纪以来，遵义市争取国家政策，因地制宜实施退耕还林（茶、药、桑、果、草）"六种模式"，壮大后续产业，生态效益与经济效益双丰收。"十五"末，遵义市100万亩茶叶基地、100万亩新造竹林、100万亩中药材、100万亩商品蔬菜和辣椒、100亿元畜牧业产值和100万口沼气池"六个一百"工程启动实施，"八大农业产业"加快发展，奠定了遵义农业在全省的领头羊地位。持续开展退耕还林、义务植树、月月造林、生态示范创建、环境保护、环保设施建设，让遵义生态优势日益彰显。截至2017年底，全市有林地2662万亩，森林覆盖率约57%，比1949年提高了24个百分点；县级以上自然保护区20个，省级以上森林公园22个。生态创建居全省第一，成功创建国家环保模范城市；国家级生态文明建设示范县1个、生态县（市）2个、生态示范区5个、生态镇38个，省级生态县5个、生态乡镇174个、生态村63个。城镇绿化和景观打造得到加强，山体公园、湿地公园、乡镇游园建设有序开展。城乡生活垃圾、城镇污水处理率、城市（县城）空气优良率等不断提升。

事实表明，遵义市生态文明建设取得显著成效，离不开贵州省委省政府的科学决策，离不开遵义市委市政府的强力领导，离不开各级党政机关、企事业单位、社会群团组织的广泛支持和参与。毫无疑问，遵义市国有企业无疑是加强生态文明建设的主力军，发挥着主体性的重要功能与作用，为遵义市取得生态文明建设的显著成效做出了巨大贡献。

众所周知，赤水河是长江上游重要支流，其发源于云南镇雄，蜿蜒512千米，流经云、贵、川三省，在四川合江汇入长江。但是，整个赤水河流域，其发展并不平衡，既有茅台这样市值千亿元的企业，又有云南人口最多的贫困县镇雄。然而，如何遏制流域内其他地区走"先污染、后治理"的老路，始终是摆在茅台、郎酒、泸州老窖等赤水河流域代表企业的重大议题。

茅台集团作为遵义市辖范围内、赤水河流域内的代表企业，其对赤水河流域环境保护、生态文明等建设方面所做的努力是值得肯定的，取得的成绩是突出的，其履行企业社会责任的担当是值得充分肯定的。正如所谓道法自然，赤水河亦是如此。保护赤水河生态，就等于保护沿岸酿酒企业的生命线。没有赤水河，就没有茅台酒。因此，在茅台人看来，赤水河是茅台酒的生命所在。更重要的是，作为国内唯一一条没有被开发、被污染、被筑坝蓄水的长江支流，赤水河是我国生物多样性的重要保护区，生态价值弥足珍贵。早在1972年，周恩来总理就做出了"茅台酒厂上游100公里以内不准建任何化工厂"的批示。从那时至今天，加强对赤水河的保护措施就从未中断。在贵州，全省已累计投入近26亿元保护赤水河及周边生态环境，关停无环保手续、无环保设施、重污染的企业，处罚环境违法行为，追究涉嫌环境犯罪行为的刑事责任。酒企集中的仁怀市要求，发展区一律不准新建扩建白酒企业，而且要把现有企业逐步搬迁出来进入规范发展区，严禁批准酒类技改建设项目和其他污染型建设项目选址。

正是基于对赤水河流域环保的理性认知，茅台集团始终坚持生态环保上的"三不"原则（即不能被推着干，不能有欠账，更不能自欺欺人）。目前，茅台已总投资4.68亿元修建了5座污水处理厂，2017年共处理达标排放污水200多万吨。当然，茅台的污水处理厂，并不是茅台自己在运营，而是由贵州华源环保科技发展有限公司负责管理。通过开展循环水项目，茅台酒厂大大提高了水资源利用效率，现在处理后的达标尾水大多数都实现了回用。同时，为了切实解决好原有污染治理设施工艺落后、能力不足、运行维护管理效率低、不能稳定达标排放等突出问题，茅台集团公司等60家公司积极推进产污治污分离，采取付费方式，将污染治理设施建设、运营、维护委托专业化第三方机构来完成，取得较好的效果。

此外，值得欣喜的是，2013年6月，云、贵、川三省签订跨界流域联合执法协议，在赤水河流域实行联合执法、联合监测、联合应急。通过实现信息共享、数据互通，让赤水河流域的治理工作更加便利。2017年初，云、贵、川三省正式签署《赤水河流域横向生态补偿协议》，这是长江经济带生态保护修复工作中首个建立跨省横向生态补偿的流域。三省商定，今后每年拿出2亿元进行赤水河流域的生态环境治理，出资比例为云、贵、川三省1∶5∶4，分配比例为云、贵、川三省3∶4∶3。2017年6月,赤水河沿线4家酒企共向云南镇雄捐赠了2400万元,用来支持当地脱贫攻坚和生态保护工作。从2014年起,仅茅台集团就连续10年累计出资5亿元作为赤水河流域水污染防治生态补偿资金,用于赤水河保护事业。

四 履行企业社会责任,新时代需要新担当

不难看出,改革开放以来遵义市经济社会的发展史,从某种意义上讲,也是遵义市国有企业的变迁史,二者相互促进,协同共荣。从总体上看,遵义市国有企业在履行社会责任上大体经历了"从无到有""从被动到自觉""从形式到内容"的变迁过程,并在扶贫帮扶、生态建设、公共服务建设、科技创新、可持续发展等领域上做了大量富有成效的工作,呈现"社会化""常态化""规范化"的特征,充分彰显了"大企业大担当"的时代气息。

新时代意味着新担当,奋力开创百姓富生态美的多彩遵义新未来,既是全市各族人民的共同目标与任务,也是遵义市国有企业应有的责任与担当。正如"大企业承担大责任"的社会责任观一样,全市国有企业在新时代理应大有作为。今后,遵义市各国有企业应努力克服不同行业、不同领域、不同规模、不同发展阶段所造成的差异化困局,彼此取长补短,各尽所能,紧紧围绕新时代新目标,协同发力,致力于打赢全省、全市脱贫攻坚战,全面增进民生福祉,不断实现人民对美好生活的追求;同时,牢牢守好生态底线,致力于打造多彩贵州公园省,这是全省、全市奋力开创百姓富生态美新未来的有机组织部分。

在打赢脱贫攻坚战方面，遵义市国有企业要始终与党中央保持一致，紧紧结合省委省政府的重要决策与部署，自觉融入坚决打赢脱贫攻坚战、同步全面建成小康社会的伟大事业中去。习近平总书记对脱贫攻坚工作做出重要指示："脱贫攻坚时间紧、任务重，必须真抓实干、埋头苦干。各级党委和政府要以更加昂扬的精神状态、更加扎实的工作作风，团结带领广大干部群众坚定信心、顽强奋斗，万众一心夺取脱贫攻坚战全面胜利。要坚持党中央确定的脱贫攻坚目标和扶贫标准，贯彻精准扶贫精准脱贫基本方略，既不急躁蛮干，也不消极拖延，既不降低标准，也不吊高胃口，确保焦点不散、靶心不变。要聚焦深度贫困地区和特殊贫困群体，确保不漏一村不落一人。要深化东西部扶贫协作和党政机关定点扶贫，调动社会各界参与脱贫攻坚积极性，实现政府、市场、社会互动和行业扶贫、专项扶贫、社会扶贫联动。"因此，今后只要始终坚持以习近平总书记对脱贫攻坚工作做出的重要指示为根本原则，新时代遵义市国有企业定能在履行企业社会责任的过程中，做出更多更大的贡献。

在提升生态文明建设方面，遵义市国有企业要始终坚持以习近平总书记对贵州生态建设的指示为核心要义，以守好生态底线作为企业战略行动的重要决策依据，以开创生态美的多彩遵义新未来作为主要奋斗目标。生态文明建设是一项利在当代、功在千秋的伟大事业，也是一项须由全民、全社会共同参与完成的宏伟工程。事实上，如果说地处长江、珠江上游的贵州是"两江"流域重要的生态屏障，那赤水河流域贯穿而过的遵义市则是这道生态屏障的重要组成部分。党的十八大以来，贵州省省委省政府坚决贯彻落实习近平总书记对贵州生态文明建设工作和环境保护工作的重要指示精神，牢牢守住发展和生态两条底线，坚持生态优先、绿色发展，加快国家生态文明试验区建设，致力于"多彩贵州公园省"的打造。如今，在生态文明建设的时代变奏中，绿色已成为多彩贵州的主色调，生态文明的主旋律已在贵州大地唱响，全省各族人民正牢记嘱托、不忘初心，通过加快建设"国家生态文明试验区"，牢牢把握建设"多彩贵州公园省"目标，奋力推进生态文明的历史性跨越，一个"百姓富、生态美"的多彩贵州新未来正阔步向前。基于此，遵义市国有企业要紧紧抓住贵州作为首批国家生态文明试验区的大好机遇，致力于担当起探索绿色发展的历史使命，切实坚持以"国家生态文明试验区"为抓手、以"多彩贵州公园省"为建设总目标，加快推进遵义市生态文明建设战略行动；始终牢牢守好生态底线，在实践中不断丰富发展经济和保护生态之间的辩证关系，让未来遵义的天更蓝、水更清、草更绿，城市乡村颜值更高，人民能获得更多生态红利。到2020年，共同构建起一个以大娄山—武陵山生态屏障，乌江生态保护带、赤水河及綦江生态保护带等为骨架的生态安全网，让自然生态系统步入良性循环，基本形成符合主体功能定位的生态建设与保护格局；生物多样性和地下水资源得到有效保护，最严格的耕地保护制度、水资源管理制度、环境保护制度得到有效落实，等等。

我们相信，只要国有企业履行社会责任的指导思想清楚了、基本要求明确了、发展目标锁定了，遵义市国有企业定能紧密团结在以习近平同志为核心的党中央周围，高举中国特色社会主义伟大旗帜，深入贯彻习近平总书记系列重要讲话精神，牢牢守住发展和生态两条底线，全力协同推进大扶贫、大数据、大生态三大战略行动，通过弘扬新时代贵州精神，不断凝聚后发赶超磅礴力量，致力于将遵义市国有企业打造为一支决胜脱贫攻坚、同步全面小康，奋力开创百姓富、生态美的多彩遵义新未来的不可或缺的重要力量。

B.6 2017年安顺市国有企业社会责任发展报告

谢忠文[*]

摘　要： 当前，随着国有资产监管方式以及社会经济结构的日益复杂化，交叉持股、多层持股等资本运作方式的普遍化，给国有企业的运作带来了巨大挑战，对国有企业履行社会责任也应持更加开放的态度。安顺市国有企业在履行社会责任时更主要体现为国有资产的保值增值和对涉及重大民生、重大发展战略（扶贫和生态）进行资本化投入，撬动社会资本的跟投和融合，进而达到履行社会责任的目的。在此过程中实现了三个统一，即企业盈利与履行社会责任的有机统一，政治责任与社会责任的有机统一，直接履行与间接履行的有机统一。这是观察国有企业需要更新的一种视角。

关键词： 安顺市　国有企业　社会责任

---

[*] 谢忠文，贵州省社会科学院文化研究所副所长，副研究员。

安顺是贵州省经济社会发展较快的地级市，历史上商品经济比较发达，民间资本发展比较充分，较早地开展了国有企业的改制和调整，其市属国有企业的经营具有与其他市州较大差异的特点，特别在履行社会责任方面表现出几个特点，即微观参与较少、宏观投入较多，政治责任与社会责任并行，以产业发展促进社会责任履行等。可以说，安顺国有企业履行社会责任的方式和特点在某种程度上代表着在国有企业改革改制的大背景下，有效履行社会责任的发展趋势，值得进行深入解剖和比较借鉴。

一 安顺市国资委监管企业的总体情况

安顺市的国资监管部门经历了一系列的改革和调整，生产经营性国有企业与资本运营国有企业是分开设置的。2005年前，国资监管机构管理职责设置在财政部门；2005年后，将生产经营性国有企业划入市经贸委，2010年在安顺市工业和信息化委员会加挂安顺市国有资产管理委员会牌子，授权履行11户企业出资人职责。2015年8月，按照国家有关国有企业管理的相关精神，国资部门以管资本为主推进国有资产监管机构职能转变，实现以管企业为主向以管资本为主的转变。为此，2017年至今，国资监管部门突出以资本为纽带，以产权为基础，重点围绕管好布局规范运作、提高回报、维护安全，加强对国有企业权力集中、资金密集、资源富集、资产集聚等重点部门、重点岗位和重点决策环节进行监督。

到目前为止，安顺市国有资产管理委员会监管企业共14家，监管总资产1462亿元，同比增加500亿元，增长54%；负债总额

609亿元，同比增加87亿元，增长16.7%，所有者权益817亿元，同比增加413亿元，增长102.3%。总体上达到了国有资产保值增值的目标，忠实履行了国有资本的职能，总的分为三大类企业：平台类企业、公共服务类企业和完全竞争类企业。

平台类企业主要以安顺投资有限公司、国有资产管理有限公司以及工投、旅投、大健康医药投资等公司为代表，负责对基础设施、重大产业、脱贫攻坚等具有政策性、战略性的影响领域进行投融资。这类企业在监管企业中占据重要地位，全市共有8家平台类国有企业。公共服务类企业主要是以公交、供水、机场管理等为代表，负责全市民生领域的主要服务提供。这类企业从事的多是社会主体不愿意或没有能力或国家政策不允许进入的行业领域。这类企业占比并不大，但至关重要。完全竞争类企业在安顺具有悠久历史，与安顺的经济社会发展具有重大关切，有安顺市黄果树旅游集团公司、安顺市汽车运输公司以及安顺市物资总公司等3家企业。

二 聚焦"大扶贫战略"，发挥国有资本的杠杆撬动作用

一是按照市委有关部署，选派精兵强将到基层开展扶贫。当前开展好扶贫工作是国有企业的重要社会责任，选派好扶贫干部队伍是关键的关键。安顺国有企业分别向对口帮扶的贫困村派遣了帮扶领导和驻村干部，并选派干部结对帮扶。据不完全统计，2017年至今，全市国有企业共选派86名干部帮扶驻村，走访2万余次，

完善各种帮扶资料8000余份,并向贫困户提供就业岗位2000余个,在扶贫攻坚中发挥了重要作用。总的看来,各个企业结合自身特点开展了一系列扶贫攻坚工作。

二是聚焦产业促投资,助力产业发展。安顺组建的扶贫开发投资有限公司在安顺市大扶贫战略中发挥了重要主导作用,是政府开展脱贫攻坚的有力支撑。公司现有脱贫攻坚基金产业子基金13亿元,通过组织项目申报、基金承接、投资决策、投后管理等相关工作,大力促进脱贫攻坚工作。截至2018年5月底,审批项目8个,总投资132416.24万元,实际投资5321.99万元。为扶持村级集体经济发展,壮大村集体经济实力,实现集体资产、资源、资金的保值增效和增强村集体自我发展能力,有效促进深度贫困村集体经济和精准带动贫困户增收致富,公司为178个深度贫困村申请扶贫产业子基金种植养殖业引导资金1.78亿元提供担保,撬动5倍以上的资金投入。2018年,公司还进一步解放思想,最大限度发挥产业扶贫资金效益,以贫困地区发展实体经济需求为导向,以资本市场服务产业脱贫为重点,与深圳德盈华叶金融投资股份有限公司合作设立安顺市扶贫产业引导投资,大力开展对扶贫产业优质项目的投资。

三是通过各种有效形式,大力发展关联产业帮扶形式。比如黄果树旅游集团公司就通过与贫困村建立合作社形式,建设苗圃基地,无偿提供技术指导、前期资金支持,并帮助解决苗木的销售问题。投资20余万元帮助油寨村建成标准塑料大棚、储水池,销售三角梅等苗木,通过这一产业为村集体增加了收入,并扩展到贫困户20余户。集团公司还利用自身资源优势与景区村寨共同发展,结成了利益共同体，抱团发展，体现了一个旅游企业在脱贫攻坚中富民强民的独特优势。投入资金1000多万元打造了滑石哨民俗客栈，利用石头寨村少数民族自然生态与文化资源优势，投入3000万元建设石头寨景区慢行系统，推进人与自然和谐发展。同时也深入挖掘当地文化，投入资金改造石头寨布依博物馆，集中展示当地布依文化特色。通过系列活动，既立足企业自身发展，也照顾到景区周边村寨的发展，打造了旅游发展的共同体。市公交公司引导板乐社区居民按照果蔬季节规律，鼓励农民种植李子达5000余亩，为精准脱贫扶贫户提供养殖、种植方面的资金支持。市投资公司在逐步解决基础设施建设的基础上，大力实施产业扶贫计划，建立"支部+公司+合作社+贫困户"的脱贫攻坚工作机制，指导帮扶打饶村注册成立村企一体的紫云县千洞山扶贫开发有限公司，设立了打饶村产业帮扶基金，拨付首期156万元资金，采取"量化到户、合作社有偿使用、贫困户分红"的模式，发展宗地花猪养殖。

四是大力开展就业扶贫。就目前的扶贫标准来说，如果一个三口之家有一个人能够稳定就业，就能够达到脱贫的目标。除此之外，集团公司还为当地居民提供劳务用工岗位近300个，低价出租商铺417间，提供摄影服务岗位390个。

五是帮助发展基础设施建设。基础设施不完善常常是制约农村发展的重要原因。国有企业有建设优势，也有资金优势，这些资金能够精准对位，对于帮扶对象来说，往往能够发挥较大的优势。2017年，安顺市国有企业共投入资金几百万元用于改善农村基础设施。比如黄果树集团投入了近20万元用于帮助洋湾村、穆龙村建立垃圾池及附属设施、停车场；投入60余万元帮助贫困村修道路、寨门。市交投公司围绕"四在农家·美丽乡村"基础设施建设六项行动计划,扎实帮助建设一批基础设施,出资建设村民文化广场700平方米,出资105万元完成帮扶村3500米通组路、1500米串户路硬化工程,购置垃圾清运车、垃圾箱等设施,着力解决长期制约乡村环境卫生的瓶颈问题。

六是资金帮扶。通过各种途径走访慰问帮扶困难群众也是一个重要形式。据统计,2017年至今,各企业共捐赠扶贫款近2000万元,走访慰问的投入资金达到100余万元。这些资金对于那些生活极其困难的群众来说虽然较少,并不具有持续性,但是传达了企业对贫困人群的关怀之情,表达了社会对弱势群体的关怀,对于激励困难群众的脱贫具有一定作用。

三 聚焦"大生态战略",结合行业特点履行环保责任

一是走产业生态化和生态产业化之路。党的十八大以来,全社会保护生态环境的意识蔚然成风,各种顶层设计不断加大了环境保护的制度笼子,各企业不仅意识到生态环境保护的重要性,也具备了生态环境保护的自觉性,从理念上得到进一步提升,许多国有企业都意识到"绿水青山也是金山银山"。这种理念对于坚定走生态强市的安顺如此,对于一个致力于打造全域旅游的贵州也是如此。安顺黄果树旅游集团作为一家全国资控股企业正在把产业生态化与生态产业化有机结合起来,走一条既发展产业又保护环境的发展之路。一方面,投入大量资金用于恢复生态环境,防止水土流失,打

造生态景区。2017年集团公司投入了6274万元对景区绿化实施提级改造，投入3.5亿元建设黄果树国家湿地公园，占地面积为736.4公顷。按照"自然、生态、景观、文化"的特点，以景区周边生态环境、历史遗迹、历史人物等多元文化相结合的思路打造特色鲜明、主体突出的游览景区，特别是在"半边街"项目上，成功打造了"黄果树旅游发展升级版"，投入3000多万元打造了石头寨景区生态慢行系统。另一方面，打造集生态游、休闲游、民俗游于一体的复合型旅游业态。集团公司投入5.9亿元实施经营性项目建设，初步形成娱乐业板块、现代服务业板块、旅游商品商业板块等六大商业业态板块。通过培育业态板块，拓展了产业领域，延伸了产业链条，提高了市场化运作能力，为集团公司可持续发展奠定了良好基础。

二是通过科技制度创新，走生态环境保护之路。各企业按照国家节能减排的相关规定，引入自动化办公系统，营造节约资源、爱护环境的氛围，持续提升企业员工的环境保护意识。一些公司在办公区内推行绿色办公，倡导低碳环保工作方式，鼓励员工从我做起，从小事做起，号召全体员工自觉节水节电、办公用纸双面使用、办公室设备修旧利废，使员工切实履行环保的责任和义务。到目前为止，有80%以上的企业都建立了网络化办公系统，利用现代信息技术手段推动实现无纸化办公。就这一点来说，我们的企业做得还不够，许多企业仍是以前的老思路老办法，会议资料、办公资料等浪费了大量的纸张，对生态保护非常不利。只有广大国有企业带头，制定相关规定、流程才能从根本上解决这个问题。

三是开展节能减排绿色出行巡回宣传活动。2017年5月11

日,公司组织干部职工参加贵州省交通运输"节能减排"暨"绿色出行之星、文明公交路线"巡回宣传活动。据统计,市公交公司有清洁能源公交车103辆,占车辆总数的42.4%,新能源公交车86辆,占车辆总数的34.4%;公司所属出租车均为清洁能源车,节能减排、绿色环保工作成效显著。这一占比在全省公交系统中比较明显,充分凸显了安顺公交系统在绿色低碳中的责任担当。

四 聚焦"促和谐增稳定"做好改革改制服务工作

国有企业是促进社会和谐的定盘星和稳定器。过去几年,国有企业改革改制的力度比较大,历史遗留问题也比较多,下岗职工养老、住房、教育等问题进一步凸显,这些问题直接影响了社会和谐稳定。作为社会主义国家,不能把这些问题一扔就算,还必须发挥社会主义的优越性,对那些因为改革而受到损害的群众兜底保障,做好社会和谐的促进者。安顺市为了解决这一问题,成立的安顺市国资公司发挥了这一重要职责。

一是有序推进改革。国资公司稳步推进下属"僵尸企业"贵州虹智精密轴承有限公司改革,相关工作全面完成,妥善安置好职工,为推进国有企业供给侧结构性改革提供了一定经验。

二是统筹调度和妥善解决原市属国有企业事业单位改革改制有关工作及后续遗留问题。本着"上为政府分忧、下为改制企业职工解决困难"的原则,公司前期拨付7亿元资金,并于2017年再拨付3984万元用于解决市属国有企业(事业单位)改革的遗留问题，及时完成了原安顺虹山轴承总公司第三批、第四批职工住房存量补贴的兑现工作，共涉及3600余人、资金2500余万元，进一步做好了改革改制企业职工队伍稳定工作。

三是强化对下属企业国新公司职责，妥善及时应对因棚户区改造、存量补贴兑现、改制历史遗留问题等造成的信访问题。制订年度信访维稳工作方案，主动接访，做好政策解释，确保工作落实到位。2017年，下属国新公司共接访1200余人，全年无重大突出上访事件发生。

四是合法保障农民工权益。积极落实政府部门关于保障农民工合法权益的安排部署，结合企业实际解决系列农民工问题。市投资公司解决了拖欠农民工工资3901万元，清欠3439万元，涉及农民工2459人，对存在的问题限期整改，做好疏导和稳控工作，有效保障农民工的合法权益。通过这些实际行动，为全市国有企业的深化改革和社会稳定做出切实的贡献。

五 守牢"安全生产底线" 杜绝安全事故发生

市属各国有企业牢固树立以人为本、安全发展的理念，以"增强安全生产意识、加强安全生产教育、强力推行各种安全生产管理制度、加强安全生产大检查、确保实现安全生产"为总抓手，始终坚持"安全第一、预防为主、综合治理"的方针，认真学习贯彻落实中央和省领导同志指示批示精神，全面落实省政府安委会、省国资安全生产工作部署，对照安全生产法律法规、规章和安全生产大检查内容进行认真自查自纠，切实做好安全生产大检查，及时消除安全生产隐患,使企业生产形势保持了持续稳定。2017年至今,全市国有企业安全生产平稳运行,没有发生一次较大安全生产事故。

一是建立健全安全生产责任小组等监管机构。安全是生命线,对工业生产企业来说更是如此。国有工业投资等涉及安全生产的企业始终把安全置于头等重要的位置,特别是把制度建设作为一项重要措施放在首位。大多数企业普遍设立安全生产监督管理办公室、项目工程建设监督管理部,加强项目施工现场的安全生产管理、质量管理、进度管理和成本控制。2017年,工投公司对新区在建项目进行检查共计130余次,保障建设工程顺利进行,促进安全生产、文明施工,确保生产零事故。黄果树旅游集团公司加大景区地质灾害隐患排查和安全生产巡查力度,投入安全经费1970.11万元,同时创建"平安企业""双控企业",将防恐怖防范试点工作纳入整体安全生产工作体系,建立安全生产长效机制,实现了全年无安全责任事故的目标,营造了良好的旅游安全环境,在全国行业领域树立重要的安全标杆。

二是积极探索各种有效的安全生产方式方法。公司设立应急情况联络小组,要求严格执行领导干部到岗带班制度、事故信息报告制度,坚持关键岗位24小时值班值守,接到事故报警立即响应。黄果树旅游集团公司2017年全年组织召开安全生产例会和专题会议19次,对各时期安全生产工作进行安排部署。市国资公司扎实开展月度、季度安全生产大检查,坚决贯彻"三四而行"(即三个自觉:问题自觉、责任自觉、行动自觉;四个到位:重点设备监管到位、重点现场布置到位、重点项目排查到位、重点责任落实到位），不断增强责任感和使命感，细化各项措施，强化红线意识、底线思维，坚决杜绝各类安全生产事故的发生，确保公司安全生产工作形势持续良好，全年实现"零事故"运营。

三是及时修编制度，坚决把好安全文明生产关。根据《地方党政领导干部安全生产责任制规定》及时修订更新现有的《安全生产责任制》，明确了各级人员的安全职责，并与新区项目各参建单位签订《安全责任书》，定期不定期督促建设落实情况，杜绝事故发生。工投公司制定和完善《安全生产应急预案》，开展以"安全责任，重在落实"为主题的"安全生产月"活动，并组织员工学习生产安全知识，开展安全隐患排查和安全生产演练，提高了职工的安全防范意识以及处理突发事件的应急能力。黄果树集团公司在2017年制定完善各类安全管理制度18项、安全预案9类100个，组织开展消防、医疗、道路交通等应急演练18次。

六 聚焦民主决策 履行关注企业员工权益的责任

安顺市14家国有企业虽然大多数是国有控股企业，但履行民主决策、关爱职工福利仍是企业发展的本质要求。

一是关注员工的民主权益。各企业充分发挥公司职代会民主监督作用，将职工代表大会制度落实到日常工作中，不断充实职代会内容，规范行使职代会职权，充分发挥职代会作用。从制度上加强企业民主管理，坚持凡是涉及企业改革发展的重大事项，关系职工切身利益的重大问题，都提交职代会进行审议决定，畅通了职工参与企业经营管理的渠道；从职能上维护职工的合法权益，极大地调动了广大职工投身生产经营建设的积极性和创造性。

二是保护员工的基本权益。各企业严格按照《劳动法》《劳动合同法》等法律法规，与员工建立正规、合法的劳动关系，依法足额为员工缴纳养老、医疗、失业、工伤、生育等社会保险和住房公积金；员工也享受了法定休假、年休假、婚假、探亲假等带薪假期。同时，各企业还设立了职工食堂，试行餐补制度，建立健康定期检查制度，并不断完善人力资源管理制度，为职工提供具有市场竞争力的薪资和相应的福利项目。

三是重视员工的成长。各企业重视为职工发展提供良好的平台与通道，通过设立图书阅览室、加强培训和继续教育提升员工素质，将企业打造成学习型企业，培育出学习型员工，牢固树立"培训是企业的长效投入，是发展的最大后劲，是员工的最大福利"意识。同时，还通过有效的绩效评价和激励约束机制促进员工成长，积极创造各种条件让员工实现自我价值，使企业成为人才聚集的平台。另外，还根据员工的文化需求和个性发展要求，通过设立员工健身设备和定期开展户外拓展等形式多样的文体活动，营造了和谐共进的发展氛围。

七　对新时代国有企业履行社会责任的思考

所谓新时代背景指的是国家对国有企业的定位和管理方式的转变。具体来说，就是政府对国有企业的生产经营管理转变到对资本和人才的管理上。实际上，这种管理方式的转变是社会主义市场经济向纵深发展的必然结果：对企业微观经营的干预太多使得企业不能在多变的市场经济条件下迅速掉头和转向，导致了许多问题，特别是低效的问题。在这种大背景下，讨论国有企业的社会责任，特别是对安顺这样一个国有企业已经大幅度降格为国有资本控股、参股的企业的地区来说，具有非常重要的意义。其意义在于科学回答了在新的国有资本运营方式下，国有企业如何履行其社会责任的问题。

（一）保值增值仍是国企履行社会责任的重要方面

国有企业是国家战略的实行者，在社会发展方面具有重要作用。一段时间社会围绕要不要国企产生了很多争论，否定者多根据国有企业效率低来论证国有企业对市场经济的负面性。类似这种争论20世纪80年代保守主义在西方世界流行过，彼时撒切尔和里根都把本国许多国有企业私有化，造成了连煤气这种关涉民生的企业也被全盘私有化的局面。这一过程可以看作对凯恩斯主义的绝地反击。事实证明，这一反应是过度了。迄今为止，西方发达国家特别是北欧的低地国家（或者可以称斯堪的纳维亚国家）也仍然存在着混合所有制企业，国有资本仍在经济中占据一定的地位。可以说，在社会主义条件下，讨论国有企业的运营早已突破那种单纯从量上进行衡量的历史窠臼了。在现代条件下，国有企业大多已经成为混合持股，纯之又纯的国有资本现在已没有踪影了。在这种条件下，国有企业的社会责任更多的不是体现在"办社会"的旧模式上，而应该最大限度地体现在国有资产的保值增值方面。如果这一要求达不到，即便是把整个企业变卖来承担社会责任，也不能说这个企业认真履行了社会责任。更何况，从资本的组成来说，其他资本也不允许企业不顾盈利而去做些影响企业发展的社会责任。这一深刻变化和定位，应当作为新时代条件下，正确处理好企业发展与承担社会责任的关系，也就能够比较合乎逻辑地回答许多国有企业提出承担社会责任与企业发展之间的矛盾的问题了。

（二）国企履行社会责任过程中应该把政治责任摆在突出位置

国有企业在我们国家承担了较多的政治责任，这是区别于任何形式的西方国家的国有企业运行模式的重要方面。当前，对于欠发达省份的贵州来说，与全国同步全面建成小康社会既是贵州"渐比中州"的历代梦想，也是实现邓小平"两个大局"战略的重要方面。中央提出，全面小康社会任何一个民族、任何一个地区都不能掉队。这是中国共产党对全世界的庄严宣示，在中国历史上也是从未有过的事情。这一背景下，国有企业应在脱贫攻坚中发挥重要作用。这说明，国有资本在脱贫攻坚中不仅要发挥作用，而且要发挥国有资本撬动整个脱贫攻坚工作的重要作用。安顺市按照省委省政府的要求，成立以市扶贫开发投资公司为主体，整合交投、工投等平台企业组成了强大的扶贫资金池，对那些项目好、撬动能力强的项目进行投资，这在很大程度上体现了国有资本发挥的杠杆作用和政治作用。这种运作方式大大强化了国有资本对市场配置资源的能力，同时能有效地降低对微观市场的干预，反映了"使市场在资源配置中起决定性作用和更好发挥政府作用"这一重要原则。

（三）国有企业履行社会责任要把着力点放在导向明确的产业发展

通过本文的相关论述，我们能清晰地看到，国有企业履行社会责任的思路仍聚焦在捐资助学、走访慰问、修路搭桥、帮扶困难，忽视了国有企业在发展中对周边群众、关联产业的辐射带动作用。好的国有企业，能够通过自身发展带动一大批群众致富、带动上下游关联企业和产业快速发展，不仅能够大幅提升就业、缴纳税收、服务社会，而且能够激励社会正向发展，其社会责任更能够切实履行好。这一转向实际上给我们提供了社会责任向纵深发展的一个导向。企业作为一种社会组织，它能够在遵纪守法、诚实经营的情况下发展，本身就是对社会的重大贡献。无论是哪种社会经济制度，企业发展的溢出效应都是相同的，都是对社会的贡献。国有企业履行社会责任当然应该做慈善、做扶贫，但是重点仍在于带动一批企业和群众，打造共同致富、共同发展的命运共同体，这才是履行社会责任的至高要求。

B.7
2017年铜仁市国有企业社会责任发展报告

李德生*

摘　要： 铜仁市国有企业发展起步较晚，企业产值和增加值占地区生产总值的比例较低，发展速度也呈现一定的下降趋势，从而给其履行社会责任带来了困难。尽管如此，铜仁市国有企业紧紧依靠党的领导，积极加强党的建设，一方面积极配合地方发展战略，另一方面准确把握自身天然优势，以大力发展生态旅游业作为龙头，带动全市基础配套设施的进一步完善。在确保国有资产保值增值的同时，努力提高服务质量，注意生态环境保护，较好地履行了自己的经济责任和社会责任。

关键词： 铜仁市　国有企业　社会责任

一　铜仁市国有企业基本情况

从管理权属来看，铜仁市国有企业主要分为三大类型：一是中

---

* 李德生，贵州省社会科学院党建研究所副研究员。

央、省属大型国企在铜仁设立的分公司或子公司，如银行、电力、通信、烟草等；二是铜仁市政府和政府部门投资或控股成立的旅游、交通、公共建设、水电煤气类等公司，如铜仁市梵净山投资有限公司、铜仁梵净山旅游开发投资有限公司、铜仁市水务投资集团有限公司、铜仁桃园公路开发建设有限责任公司、铜仁市能源投资有限公司、铜仁市九龙地矿投资开发有限责任公司、贵州建工梵净山建筑工程有限公司、铜仁市扶贫开发投资有限责任公司、铜仁市公交公司、铜仁市佳禾商贸有限公司等；三是铜仁所辖区县投资或控股成立的小型国有企业，如铜仁市碧江城乡建设投资集团、铜仁市玉屏能源燃气有限公司等。

从行业分布来看，铜仁市国有企业以旅游投资和基础设施建设最为突出，其中成立时间最早、实力最雄厚的当为铜仁市梵净山投资有限公司。该公司组建于2009年，是铜仁市人民政府管理的国有独资企业，注册资金高达40亿元，目前总资产已经达到200亿元以上。公司下辖铜仁梵净山物业服务有限公司、铜仁梵净山房地产开发投资有限公司、铜仁梵净山城市建设投资有限公司、铜仁兴源物资贸易有限公司四家全资子公司及铜仁中艺紫玉文化发展有限公司等参股公司，投资集中在梵净山旅游、大兴新区、城市主干道开发投资等领域，为铜仁市重大基础设施项目和重大产业发展项目提供了比较充足的资金保证。

从企业数量和产值规模来看，根据铜仁市国有资产监督管理局的材料，截至2016年8月，完成了32户市属国有企业产权清理登记，这些企业按照各自主营业务和市场定位大致可以分为功能性企业、竞争性企业和公共服务性企业。根据铜仁市统计局提供的国民经济和社会发展统计公报，2016年铜仁市新增2000万元以上规模企业74户，实现工业增加值197.10亿元，按可比价计算，比上年增长11.7%。如果按经济类型分，国有企业实现增加值32.49亿元，增长7.1%。这个数字规模不管是增加值总量还是增长速度都比不上集体企业、股份制企业和其他经济类型企业，而且与后两者的差距悬殊。2017年完成规模以上工业总产值905.47亿元，实现规模以上工业增加值226.2亿元，按可比价计算，同比增长10.9%。在这种情况下，当年的国有企业实现增加值29.44亿元，与前一年相比反而下降了19.4%。不难看出，铜仁市国有企业增加值在地区国民生产总值中占比较少，增长规模和速度与股份制企业和其他经济类型企业相差明显且呈现一定的下降趋势。

二 铜仁市国有企业履行社会责任的情况

（一）努力增加固定投资 奠定地区经济发展基础

2017年为铜仁市的项目攻坚年，全市共完成投资955亿元，比上年增加24%，其中绝大多数项目离不开国有企业的积极参与和建设。在这一年中，高速公路方面，铜仁市开工建设了铜怀、印秀、江玉、石玉、德务、沿印松等6条高速公路；铁路方面，顺利启动了铜仁高铁北站前期工程和铜玉城际铁路；民航方面，新启动建设了黔北（德江）机场，顺利完成了铜仁凤凰机场新航站楼建成并投入使用。水电资源开发利用方面，大兴水利枢纽工程进展迅速，启动了77座水库前期工作，加快推进了思南花滩子和江口车坝河 2 座大型水库前期工作，顺利实现江口鱼粮等 7 座中小型水库下闸蓄水，不仅建成了 500KV 诗碧线、220KV 开川线和滑石输变电工程，而且争取到将铜仁核电大堆项目纳入国家核电发展规划。网络通信方面，经过努力，实现了城域网上链带宽达到 800G，全市所有行政村均开通了 12 兆以上光纤宽带。

（二）切实加强领导管理　确保国有资产保值增值

早在 2015 年 7 月，习近平总书记在吉林考察调研期间，第一次为国企改革确立了价值判断标准，即三个"有利于"的重要论断：要有利于国有资本保值增值，有利于提高国有经济竞争力，有利于放大国有资本功能。2016 年 11 月李克强总理在国务院常务会议上强调：国有企业首要的职责，就是实现国有资产保值增值，这是衡量国企工作优劣的关键。实现国有资产的保值增值是国有企业的根本任务，也是国有企业履行社会责任的重要基础。2015 年 7 月，铜仁市组建了国有资产监督管理局，依照国家公司法、国有资产法和《企业国有资产监督管理暂行条例》等法律法规，对市政府授权监管的国有资产履行出资人职责。它们按照市委、市政府的工作部署，采取多种措施加强国资国企监督管理，为推进市属国有企业的改革和发展做了大量艰苦细致的工作。该局主要的工作方法是在调研基础上制定针对性的管理办法，经过几个月的清查摸底，基本摸清了全市市级国有企业的家底，在此基础上制定了《铜仁市国有独资公司监督管理暂行办法》和《铜仁市国有企业"三重一大"决策制度实施细则》，通过以管资本为核心的管理方式，有效加强了全市的国有资产监管。在铜仁市国有资产监督管理局成立一年之际,市属平台公司资产总额就比上年增长了35.64%。到2016年底,铜仁市国有企业实现增加值32.49亿元,增长7.1%,2017年在此基础上再次实现增加值29.44亿元。这些数据充分说明了加强领导管理在促进企业做强做优做大、确保国有资产保值增值方面的重要作用。

(三)大力发展生态旅游 实现经济社会效益双赢

铜仁市拥有得天独厚的丰富旅游资源,除了梵净山投资有限公司作为全市范围内旅游行业的投资开发主体之外,市人民政府管理的国有独资企业——梵净山旅游开发投资有限公司同样功不可没。该公司注册资本1.1亿元,主要从事对铜仁市以梵净山景区为主的优质旅游资源进行投融资和开发经营,是铜仁旅游产业发展的战略运营商。公司下辖铜仁梵净山景区运营有限公司、铜仁市九龙洞旅游投资开发有限公司、铜仁梵旅投苗王城投资开发有限公司、铜仁梵旅投商贸有限公司、铜仁梵旅投文化发展有限公司、铜仁梵旅投旅行社有限责任公司六个全资子公司,铜仁梵净山门票销售有限公司一个参股子公司。为了更好打造梵净山文化旅游经济圈,该公司在政府相关部门和其他国有企业的配合下,重点在梵净山门票经营、景区交通、停车场、旅游地产、景区户外广告经营、文化演艺、旅游商品开发等领域寻求突破,建立起短线项目与中长期项目相结合的多个利益增长点,为达成铜仁市旅游业井喷式增长,实现经济社会效益双赢做出了重要贡献。2017年,铜仁凤凰机场升级为国际机场,开通了28个大中城市航班,年旅客进出港134.49万人次,跻身全国"百万级机场"。全市建设国家湿地公园试点8

个，建成省级森林公园6个，梵净山入选"中国天然氧吧"，积极稳妥地推进了梵净山、朱砂古镇5A级景区和铜仁世界地质公园创建工作，新增4A级景区2个。万山朱砂古镇国庆长假门票收入排名全省第三。铜仁市全年共接待游客6465.77万人次，同比增长45.1%；实现旅游总收入517.93亿元，同比增长49.1%。

（四）加强改进党的建设　扎实国企"根"筑牢国企"魂"

2016年，以习近平同志为核心的党中央进一步加强了对国有企业的理论认识和业务指导，当年10月，主要针对国有企业党的建设问题开展了一次全国性的重要工作会议，在这个会议上，习近平总书记出席并做了重要讲话，总书记通过深刻分析我国国有企业的性质地位和重要意义，阐明了我国国有企业的独特优势，强调坚持党的领导、加强党的建设，是国有企业的"根"和"魂"。要求全面加强党对国有企业的领导、改进国有企业党的建设，使国有企业成为党和国家最可信赖的依靠力量。在全国工作会议结束以后，贵州省委迅速召开常委会议，传达学习总书记重要讲话精神，会议强调，要围绕国有企业还要不要、国有企业要不要加强党的建设两个重大前提性问题来统一思想、抓好落实。根据党中央和贵州省委的指示精神，铜仁市从2017年5月开始就如何加强本市国有企业党的建设工作发起了一场浩大的贯彻落实行动，市委书记陈昌旭强调，要坚定不移地把从严从实要求贯穿国有企业党建全过程，促进党的建设与公司管理、生产经营有机结合，培养造就一批高素质国有企业领导队伍，坚定不移推进国有企业党风廉政建设，把国有企业基层党组织建成坚强战斗堡垒。根据会议安排，市委派出多个巡

查组对市属国有企业进行巡查、"回头看",就查出的相关问题整改情况进行了通报。如对铜仁市投资控股集团有限公司的通报材料中就指出,该公司在整改前存在党的领导弱化、意识形态工作薄弱,落实责任制不到位、党委的领导作用发挥不够等问题。

(五)助力同步全面小康 推动地方经济社会发展

2017年11月14日晚,铜仁市交通旅游开发投资集团有限公司党委书记、董事长蔡江一行来到德江县,与县委副书记、县长秦智坤,县委常委、县委办主任李兵,县委常委、副县长蔡祥,副县长张清霜,县政府党组成员、桶井乡乡长熊飞及县直有关部门负责人围绕开发建设桶井乡村旅游项目相关事宜进行座谈。会上,双方就《全域旅游产业开发合作战略协议》进行了讨论、协商,达成合作开发建设意愿,并成立了项目合作开发建设机构,为加快推进桶井乡村旅游项目奠定了基础。蔡江指出,德江桶井有得天独厚的旅游资源优势,发展前景非常广阔。旅游产业是提高群众生活质量全面建成小康社会的必然要求,也是社会发展的必然结果,市交通旅游开发投资集团有限公司希望与德江通力合作共同将德江旅游产业做大做强,从而实现政府、集团、群众三方共赢。秦智坤认为德江与市交通旅游开发投资集团有限公司合作,对将该县加快建成黔东北交通枢纽和区域性中心城市的目标,加快推动地方经济社会快速发展,为全县决胜同步全面小康注入源源动力。

从促进就业的层面来讲,企业和社会可以达到双赢的效果,因为企业要获得更好的发展,必须不断引进各种新型人才,逐步调整本身的人才结构,但这种人才引进客观上也可以为社会提供更多的工作岗位。2017年铜仁市许多国有企业都进行了相对规模较大的人才招聘，为促进地方就业做出了一定贡献，这些招聘不仅限于市属国有企业，从中央到省属国有企业在铜仁的分公司都面向社会招聘了数量不等的人才，如中国联通铜仁市分公司招聘8名、中国邮政集团公司铜仁分公司招聘6名、贵州省烟草公司铜仁市公司招聘5名、贵阳银行铜仁分行招聘15名、贵州省广电网络公司铜仁市分公司招聘10名、铜仁市水务投资有限责任公司招聘55名、铜仁市城市开发投资集团有限公司招聘9名……

三　铜仁市国有企业履行社会责任的总体评价

（一）企业履行社会责任能力不足

从目前铜仁市的实际情况来看，市属国有企业发展起步较晚，数量不多，在社会经济领域的总量占有较少，而且绝大多数国有企业都是以主要精力投身地方经济发展所需要的基础设施建设，在这个大投入的阶段盈利能力相对不足，从而影响了自身履行社会责任的能力。如铜仁市梵净山投资控股集团有限公司2017年末公司应收款项（包括长期应收款）和土地资产合计359.52亿元，占总资产比重为82.30%，应收款项回款时间不确定，土地集中变现存在一定困难，且已抵押土地资产账面价值占总资产比重为22.67%。2017年主业回款较差，投资活动和筹资活动现金支出规模均较大。截至2017年末，公司主要在建项目尚需至少投入87.68亿元，公司面临较大的资金压力。

（二）企业制度现代化建设有待完善

从我国国有企业的发展现状来看，国有企业与其他类型企业区别非常明显。由于我国国有企业绝大多数是政府财政直接投资注册成立的，很少吸纳社会资本共同参与，这就势必造成企业管理人员只能委派政府官员担任，企业管理方式很难摆脱政府工作模式。在这样的国有企业中，从高层管理者到中下层工作人员许多依然存在"铁饭碗"心态，这种先天上的缺陷不利于将企业真正推向市场，对建设现代企业制度存在很大的制约。由于我国的政治制度改革正在进行中，政府职能转变还没有完全到位，政府和企业职能仍然未能真正分开，许多国有企业在竞争地方政府的开发投资中具有天然优势，这不仅不利于促使我们的国有企业真正进入市场搏击风浪，而且可能使企业投资决策程序不规范，从而造成国有资产流失，直接影响企业履行社会责任。在这个问题上，作为起步较晚的铜仁市国有企业来说，要走上真正的腾飞之路还来日方长。

（三）履行社会责任总体情况较好

上述第二点分析认为我国国有企业的先天不足其实可以从正、反两方面进行解读，由于我国许多国有企业依然是处国有独资或国有资产占据绝对股份，这也同样意味着这些企业的发展方向天然与地方政府的发展规划融为一体。作为一个天生丽质，拥有得天独厚旅游资源的地方，铜仁只能找准自己自然的生态的天然优点，将牢牢守住生态和发展两条底线作为自己由美丽进阶成美丽富饶的基石。铜仁市国有企业作为地方经济发展的带路人和领头羊，也必须把履行生态责任和经济发展责任作为公司一切行为的意识前提。从铜仁市国有企业短短十来年的发展历程来看，尽管它们本身的实力与他者相比还不够强大，不足以拿出更多的资金来承担更多的社会责任，但是，它们在生产经营中的表现充分说明已经尽到了基本的责任，在自觉不自觉之中配合了地方政府的发展战略，改善了铜仁的发展环境，为铜仁未来的良好发展打下了坚实的基础。

案例篇

Case Report

B.8
2017年贵州茅台集团
社会责任发展报告

许峰 罗凡[*]

一 企业基本情况

贵州茅台酒厂（集团）有限责任公司，总部位于贵州省仁怀市茅台镇，毗邻风光旖旎的赤水河，平均海拔为423米，占地

---

[*] 许峰，贵州省社会科学院党政办公室副主任，博士，副研究员；罗凡，贵州省社会科学院实习研究员，硕士。

1.5万余亩,其中"贵州茅台酒"地理标志产品保护地域面积约15.03平方千米。茅台集团以贵州茅台酒股份有限公司为核心企业,有员工3万余人,全资、控股公司20多家,经营产业涉及白酒、葡萄酒、保健酒、银行、证券、保险、教育、旅游、房地产、生态农业及白酒上下游产业等。2017年,茅台集团白酒销量12.29万吨,销售收入766.4亿元,利润总额413.3亿元,上缴税金249.8亿元,上缴国有资本收益金15.26亿元,企业总资产达1704.9亿元。

茅台集团属中国500强企业,多次入选"CCTV最有价值上市公司"。作为最受赞赏的中国公司,多次入选《财富》杂志,且连续多年入选全球上市公司《福布斯》排行榜。贵州茅台酒作为茅台集团的主导产品,成为中国一张飘香世界的"名片",是我国民族工商业率先走出国门、走向世界的代表,于1915年荣获美国巴拿马万国博览会金奖,与法国的科涅克白兰地、英国的英格兰威士忌一起,并称为世界三大(蒸馏)名酒。作为我国大曲酱香型白酒之鼻祖和典型代表,自20世纪以来,茅台酒先后18次荣获各种国际金奖,并连续多次荣获国内名白酒评比之冠。作为公认的中国"国酒",茅台酒在白酒行业内,是唯一的集"绿色食品、有机食品、国家地理标志保护产品和国家非物质文化遗产"于一身的健康产品。随着其"世界蒸馏酒第一品牌"地位的不断巩固和提升,茅台蝉联"全球烈酒品牌价值50强"榜首,是唯一上榜"BrandZ全球最具价值品牌100强"的蒸馏酒品牌,在"2018最具价值中国品牌100强"中排名第7位,并获"最高端中国品牌"奖。此外,茅台连续8年位列"华樽杯中国酒类品牌价值200强"榜首。

二 社会责任管理

多年来,茅台一直秉承"天贵人和、厚德致远"的核心价值观,在持续履行社会责任积极实践中总结出一条独具茅台特色的社会责任观——"大品牌大担当",为正确看待和处理发展与责任的关系指明了方向:企业的持续发展为企业承担社会责任提供了基础和前提,同时也要求企业更好地履行社会责任以匹配企业发展能力;而企业承担社会责任则会进一步促进企业发展,让企业有能力承担更多的社会责任,从而走向可持续发展的正向循环之路。

社会责任理念是企业文化的一个重要体现。作为茅台集团文化体系的重要组成部分,企业社会责任理念和要求始终贯穿茅台集团的发展,集团将其融入经营管理体系,纳入发展战略规划,逐步建立起完整的企业社会管理体系,成立了社会责任管理委员会、社会责任管理工作推进领导小组、社会责任管理工作办公室。在集团党委统一部署和安排下,重视企业可持续发展,团结和引领各利益相关方,横向协调,纵向承接,自上而下推进社会责任工作,把社会责任管理纳入日常管理,实现经济责任、环境责任和社会责任的有机统一,充分发挥了大品牌有大担当的气魄。

三 履行社会责任的情况

(一)民族品牌责任

一个成功的企业,其品牌形象不仅以漂亮的财务数据和市场份额作为支撑，更要以良好的公益形象、环保形象、员工归属感及社会公众的评价等来加以塑造。"一个有责任感的企业，才是一个有爱、有情、有温暖的企业，茅台就是这样的典范。"这是茅台集团博物馆内的一段话。自2009年茅台发布第一份企业社会责任报告以来，至今已是第十年向社会公开发布社会责任报告，这是行业内唯一连续10年发布年度社会责任报告的企业，在中国酒类企业中绝无仅有。茅台集团连年荣获"履行社会责任五星级企业"荣誉，荣获两届中国慈善领域最高政府奖"中华慈善奖——最具爱心捐赠企业"等称号，已成为民族品牌在履行企业社会责任中的领军企业。

茅台始终捍卫民族品牌，坚持走文化品牌发展道路，将做强做优做大做久民族品牌视为义不容辞的责任，这是神圣的使命，是一个民族企业终生履行的责任和义务。把品牌建设放在重要位置，在继承、发扬中国传统白酒文化的同时，不断探索、创新，坚持传统文化与现代文明结合，用大国工匠的精神，守好民族品牌，做中华白酒文化的传承者、创新者、推动者和引领者。同时，与中国优秀企业一起携手，共同开拓中国品牌的新高度，建立"国家品牌命运共同体"，以中国品牌傲立于世界为目标而努力奋斗。

（二）经济发展责任

2017年，在主要指标大幅增长、产销势头稳中有进、品牌价值再冲新高、"文化茅台"有声有色的良好形势下，茅台集团全年销售收入突破766亿元，利润突破413亿元，单品销售额、品牌价值、股票市值稳居全球酒类企业第一位，品牌价值达到1454亿元，成为中国制造的重要符号。主要表现为茅台把向社会提供一流的产品和服务作为承担社会责任的核心。

一是坚持质量诚信。坚守"崇本守道、坚守工艺、贮足陈酿、不卖新酒"的质量理念,深化重质量、塑品牌的供给侧结构性改革,大力推进基酒分级,努力满足消费者需求。

二是坚持营销诚信。以市场和顾客为中心,大力实施"九个营销",坚持需求差异化供给,把"老百姓喝得起、承受得了"作为价格高低的重要检验标准,合理引导市场价格。

三是给予股东丰厚回报。坚持为股东提供持续、稳定的回报,自 2001 年上市以来,累计现金分红 570 亿元,成为资本市场当之无愧的"分红王"。

四是深化"走出去"战略,积极践行"一带一路"倡议。自 2014 年以来,茅台先后到俄罗斯、意大利、美国、德国、非洲等国家和地区举办茅台品牌海外大型推介活动,海外销售网络覆盖了"一带一路"沿线的 26 个国家和地区,海外销量已经占到茅台全球总销量的 26.53%。可以说,"一带一路"为茅台扩大对外合作、提升品牌国际影响力创造了前所未有的有利条件和施展空间。

(三)人文价值责任

"爱我茅台,为国争光"已成为茅台企业文化体系、价值观体系和精神体系的核心构成元素,展示了企业在担当社会责任上所具有的"坚持发展,创造财富,以人为本,关爱民生"的良好道德风范。

企业形象的塑造要依靠产品品质的全面提升,以及企业对社会的恒久付出。茅台始终坚持"质量立企"战略，视质量为生命，秉承"酿造高品位生活"的使命，贯彻"崇本守道、坚守工艺、贮足陈酿、不卖新酒"的理念，坚持"产量服从质量，成本服从质量，效益服从质量，速度服从质量"的原则，不断建立完善质量控制管理体系，依托大数据的运用，实现了食品安全的透明化、精准化，为消费者提供一流、安全的产品。

茅台历来高度重视兼顾相关方的利益诉求，致力于共赢共享。在坚持"质量立企"战略的同时，坚持"环境立企"战略，像保护眼睛和生命一样爱护茅台酒赖以生存的环境，走绿色发展之路。从2014年起，茅台计划连续十年捐赠5亿元用于保护和治理赤水河流域，大力推进川、滇、黔三省达成赤水河流域生态环境联动保护机制，不断改善沿线空气质量，加大酿酒微生物的保护，被确定为国家级"资源节约型、环境友好型"试点企业。

茅台还坚持以人为本。坚持发展为了员工，发展依靠员工，发展成果与员工共享，严格执行国家法律法规保障员工民主协商、职业健康、自我实现等合法权益，集团本部员工人均年收入实现超16%"两连增"，劳动关系和谐稳定。同时，茅台坚持与股东、经销商、供应商共建命运共同体、利益共同体、价值共同体，实现了股东有回报、经销商有利润、供应商有保障的互利发展。

此外，茅台还捐资助学、扶贫济困、义赈救灾、改善交通等。"十二五"以来，茅台积极践行责任文化，在文化教育、精准扶贫、公益慈善、扶农兴农、支持地方政府改善交通环境等各方面，累计投入90多亿元，努力打造受人尊敬的世界一流企业。一是投身地方精准扶贫。2015年以来，茅台对贵州道真县精准帮扶，秉承"交通拉动、金融撬动、产业带动、党建联动、人才驱动、教育推动"的思想理念，累计投入资金1亿多元，贴息贷款3亿元，减少贫困人口近3万人，小康实现程度达91.66%。二是捐资助学培育国家栋梁之材。自2012年以来，茅台连续每年投入1亿元，积极开展"国酒茅台·国之栋梁——希望工程圆梦行动"，6年共出资6亿元，帮助了12万名贫困学子圆梦大学。2017年，启动希望工程脱贫攻坚三年公益计划，每年捐资1亿元、3年共捐资3亿元，帮助6万名贫困学子圆梦大学。茅台还在尚无项目投资的莫桑比克捐资300万元人民币为当地一所小学新建教室和办公室，茅台公益国际化道路踏足非洲。三是促进当地经济社会发展。茅台引领贵州省白酒产业磅礴发展，白酒产业增加值占贵州省工业增加值的比重逐年上升，2017年达到18.7%，位居全省十大产业前列。对地方财政做出了巨大贡献，为促进遵义市和贵州省社会经济发展做出了重大贡献。四是引领行业竞合发展。参加了第六届中国白酒领袖峰会、中国名酒杏花村论坛，举办了"川黔名酒·情系东北"推介活动，走访了五粮液、泸州老窖、劲牌等兄弟企业，接待了四川白酒行业代表团、汾酒集团等地方和企业代表团，举办了贵州省白酒圆桌会议，共促交流互鉴、共襄竞合战略、共推产业发展。

茅台不断升华中华商业道德，这是对中华酿造文化的传承，也是对民族美德的创新发展，更是对现代文明的守护。

（四）环境生态责任

"绿水青山就是金山银山"。茅台集团作为贵州企业典型的代表，在绿色发展和生态建设方面有其独到的见解，在发展转型、生态修复和环境治理等方面有其独特的举措：积极响应和大力推进"大生态"战略，始终坚守发展、生态、安全三条底线，将环境与茅台酒品牌、品质、文化、工艺并列为企业的五大核心竞争力之一，制定了"环境护企"战略和环境保护总体规划。

茅台集团制定了生态环境规划来保护赤水河的生态环境，并对厂区进行生态环境建设，建立了有机循环经济科技示范园。2001年以来，茅台集团建立了ISO14000环境管理体系，率先通过ISO9000质量管理体系、ISO14000环境管理体系、OHS18000职业健康安全体系这三大国际标准化认证，成为中国白酒行业的第一家。

茅台是我国唯一一个被冠有"绿色食品、有机食品、地理标志保护产品"头衔的白酒品牌。从原料的获取、商家的供应、产品的加工到废弃物的回归，整个环节倡导低消耗、低排放，形成了国酒茅台的一条"绿色供应链"，在保证产品绿色、有机、健康的同时，也实现了企业自然和谐的可持续发展。

茅台始终认为，一个企业是否有自觉履行生态责任的意识和行为，是彰显其社会责任和良知以及塑造良好形象的重要标尺。如果企业为了追求经济效益而破坏生态环境，并以牺牲生态环境为代价来换取经济增长，那么从本质上说，这是挤压人类的生存空间，消耗人类的生存时间。

茅台人像对待生命一样对待生态环境。认真保护好茅台酒赖以依存的环境，守护好茅台酒的生命线，已成为全体茅台人的共识。"绿色发展"理念已经深入人心。通过推动绿色发展守住绿水青山、换取金山银山；通过建设生态文明，厚植绿色发展优势，提升绿色发展水平；通过培育绿色文化，树立企业文明新风尚，茅台人更加懂"绿"，更加爱"绿"，更加用"绿"。

四 新时代背景下履行社会责任的新思考

新时代，带来发展新要求、新课题，要求茅台人交出新答卷。迈入新时代，茅台要积极探索将社会责任理念和要求融入发展战略和管理模式，增强自身责任意识，完善内部治理结构，完善法律制度，建立社会责任评价体系，加强社会责任研究工作，要继续谋发展、抓发展、促发展，真正实现优质稳产，提高供给的有效性，提升营销的工作水平，扎实集团管控，着力增强发展后劲，全面推动茅台发展再上新台阶。

（一）加强自身责任意识，是企业履行社会责任的内在前提

1. 加强宣传、教育，增强企业履行社会责任的认识

自觉性是基础和前提，企业要想加强自身责任意识，首先就要提高履行社会责任的自觉性，自觉性提高了，企业才能从根本上履行社会责任。茅台自2009年发布第一份企业社会责任报告以来，每年都会发布社会责任报告，这是对企业履行社会责任的总结汇报，也是对企业自身负责的体现。

加强宣传的同时也要加强教育，教育也就是素质、意识，通过教育才能提高素质、强化意识，增强企业履行社会责任的意识。"每一个企业都应当从自身生存和长远发展的角度考虑，充分认识到企业与社会的密切关系，追求长期利益，提高承担社会责任的主

动意识。为此，企业应努力在社会中培育良好的企业信誉，树立良好的企业形象，不断强化企业的自律精神，主动尽可能多地承担社会责任。"茅台集团经久不衰的原因就是它的社会责任意识强，得到了社会公众的普遍认可。不能说企业只有履行社会责任才能取得成功，但可以说有些企业的成功是与它们履行社会责任密不可分的。

2. 提高经营管理者的素质，尤其是诚信素质

经营管理者社会责任意识受多方面因素的影响，但主要是受自身素质和社会环境的影响。企业想要履行好社会责任，必须在经营管理者自身素质得以提高的情况下才能切实发挥作用。经营管理者素质提高的关键在于其社会意识和道德意识的提高，尤其是对社会的诚信素质。诚信是新时代社会主义核心价值观的重要组成部分，是现代市场经济正常运行必不可少的条件。2017年2月7日，贵州省社会信用体系建设联席会议办公室公布了首届"贵州省诚信示范企业"名单，贵州茅台酒股份有限公司凭借其长期以来坚持的绿色有机生产、诚信经营以及诚信文化建设业绩，雄居100家诚信企业"红名单"榜首。这是茅台多年来秉承"诚信"原则的最有力的证明，是茅台长期坚持"诚信"的最好的回报。

3. 加强企业文化建设，主动引进和培养优秀人才

建设企业文化的前提是提高认识，企业文化在经济发展中具有鲜活的生命力，加强企业文化建设同时能为文化创新贡献力量。建设企业文化的途径之一就是加强学习，通过学习使企业树立责任意识、大局意识。意识的提高对企业文化建设的帮助是不言而喻的，诚信意识、奉献意识、服务意识的提高都有赖于企业文化的加强。

同时，要引进和培养先进人才，壮大企业的文化队伍，让企业在浓厚的文化氛围中越做越强。2017年9月，由茅台集团出资18.79亿元创建的茅台学院正式挂牌成立，首批录取600名学生，这是白酒行业和贵州省国有企业创建的首所本科院校。茅台学院紧紧围绕"立足茅台、服务酒业、报效国家、走向世界"的办学定位，集中力量把学院建成"人才打造的场所，工匠培养的摇篮，行业一流的学校"，努力实现"国内一流、世界知名的应用型普通本科院校"的办学目标，将为茅台、贵州省乃至全国酒业发展输送更多优秀人才。

（二）科技创新结合绿色环保，是企业履行社会责任的新要求

在当今的互联网时代，科技进步是改变生产与生活的革命性力量，也是推动企业发展的革命性力量。作为典型传统工业企业代表，茅台正确处理好传承与创新关系，把新兴科技产业与工匠精神深度融合，在产品创新、技术创新、管理创新、"两化"融合等方面下功夫，走出一条独具茅台特色的创新发展之路。在创新发展的同时，环境保护也是不容忽视的。茅台坚持保护环境就是保护生产力，践行绿色发展理念，持续实施"环境护企"战略，健全环境管理模式，持续加强"三废"治理，推进节能减排，加强赤水河保护，打造生态利用型、循环高效型、低碳清洁型和环境治理型企业。将科技创新与绿色环保相结合，是企业履行社会责任的新要求，是企业走上可持续发展道路的必然选择。

（三）企业文明结合公益理念，是企业履行社会责任的新趋势

习近平总书记在十九大报告中指出，我国社会主要矛盾已经转化为人民日益增长的美好生活需要和不平衡不充分的发展之间的矛盾。解决这些"不平衡不充分"，不仅仅是政府的责任，同时也是社会企业、社会组织、商业机构共同的责任。茅台集团在注重经济效益和文化建设的同时，也不忘坚守"取之于社会，用之于社会"的企业道德，尽企业最大能力履行社会责任。长久以来，集团始终将"坚持企业可持续发展与承担企业社会责任"有机融合，投入大量资源大力支持国家文体教育事业，支持地方基础设施建设，不断加大工业反哺农业力度，参与公益慈善和社会帮扶，在国内树立起最有爱心和最具社会责任的模范形象。将企业文明与公益理念相结合，是企业履行社会责任的新趋势，是公益慈善事业与生产力发展和经济发展相适应的结果，也是企业向善、金融向善的必然要求。

B.9 2017年贵州开磷控股集团社会责任发展报告

周钥明*

摘　要： 开磷集团坚持创新、协调、绿色、开放、共享新发展理念，在履行环保责任中，成立了以企业主要领导为组长的"三废"治理及环境整治领导小组，对环保治理进行统一协调领导。开磷集团在开展环保治理工作中，坚决淘汰落后和高污染的工艺，用环境质量指标倒逼企业转型升级。

关键词： 开磷集团　生态环保　社会责任

长期以来，开磷集团积极履行社会责任，具备完善的责任体系和健全的责任履行机制，主动履行社会、国家、股东、客户、职工赋予的各种责任。自2011年以来，开磷集团连续8年向社会发布年度社会责任报告，先后获得了中国石油和化工行业"十二五"最具责任感企业、贵州省履行社会责任"五星级企业"等荣誉称号。

---

* 周钥明，贵州省社会科学院党建研究所助理研究员，硕士。

一　企业基本情况

贵州开磷控股（集团）有限责任公司前身为贵州开阳磷矿，成立于1958年10月，是国家第二个五年计划期间建设的全国三大磷矿石生产基地之一。目前开磷已建设成集矿业、磷化工、煤化工、氯碱化工、氟化工、硅化工、贸易物流、装备制造、建设建材、物业服务等多元产业于一体的现代化大型企业集团，是目前我国最大的磷矿石地下开采企业，季戊四醇生产能力位居行业第一，高浓度磷复肥产能位居国内第二、国际第四。2017年生产磷矿石930.85万吨，生产化肥及化工产品550万吨，其中化肥产品435万吨，化工产品115万吨，完成销售收入412亿元，实现工业增加值46亿元、利润2.72亿元，入库税费10.6亿元，进出口总额11.27亿美元。

2017年，开磷集团积极主动适应经济发展新常态，以提高发展质量和效益为核心，以实现资源的集约高效与综合利用为主线，以强化创新驱动为动力，利用"四省五市"的产业布局，推动和加快企业供给侧结构性改革步伐和转型升级，调整产品及产业结构，加快实现"多元产业互为支撑，耦合共生集约发展"的总布局，重点打造"磷化工、肥料制造、贸易"三大主业。依托现有产业基础和条件，充分发挥资源优势，推动企业向农业、服务业、金融等领域的跨界融合发展，不断提升开磷集团的综合竞争实力，把开磷集团建设成聚集效应突出、配套设施完善、生态环境优美、产业结构特征明显、"两化"高度融合的现代化大型企业集团，实现打造千亿元开磷的目标。

二 生态环保责任履行情况

党的十八大以来,以习近平同志为核心的党中央高度重视扶贫攻坚与生态文明建设。贵州省第十二次党代会提出,要深入推进大生态战略行动。开磷集团结合企业实际,认真贯彻落实科学发展观及创新、协调、绿色、开放、共享新发展理念,按照守底线、走新路、奔小康的总要求,坚定不移、毫不动摇地承担起生态文明建设的政治责任,持续加大对环保工作的资金投入、技术投入、人力投入,始终坚持"经营再困难不困难环保,资金再紧张不紧张环保"的理念,以硬碰硬、严又严、实打实的精神,持续抓好环保工作,积极履行社会责任,深入推进大生态战略行动。

(一)综合施策,全力实施园区大气治理

1. 主动退出高污染生产工艺

开磷集团着力实施工程减排,投入了6500万元推进合成氨环保治理设施技术改造,进行合成氨吹风气锅炉烟气污染防治设施、硫化氢吸附除臭装置、合成氨二级脱硫脱碳装置等一系列设施设备的改造治理和技术升级。将目光投向高新技术领域,建设了10万吨/年全水溶性磷酸二氢铵装置配套15万吨/年含中(微)量元素NPK全水溶性高效复合肥装置,完全替代兰海高速公路旁装置工艺落后的2×6万吨磷酸二铵装置、12万吨磷酸二铵装置、10万吨中高浓度复合肥装置。

2. 着力开展清洁生产工作

对现有不能全面发挥效果的环保设施进行梳理排查和修缮。通过对环保设施的整改，环境空气实现改观，影响嗅觉感官的氨气大幅减少。

3. 着力开展工业项目环评后评价工作

2017年，开磷集团对厂区排污口进行污染源监测，对环评执行情况、工艺合理性进行了综合评价并编制环境影响后评价报告。

4. 着力监测区域空气环境质量

开磷集团在生产区调度指挥中心、黑神庙中学、盘脚营铝合金厂建设环境空气自动监测站，直接监控生产区和周边居民生活区的环境空气质量。监测站的投入运行，将为企业生产组织调配提供应对依据，企业可根据监测数据有针对性地组织生产，减少大气环境污染。

5. 着力完善极端天气应急响应机制

2017年，开磷集团继续与息烽县气象局签订气象预报服务合同，建立了减产限产、资料归集、信息报送、操作程序性文件备案等制度，并开展了与息烽县政府和县环保局的应急联动响应，响应情况达到政府要求。

（二）多措并举，全力开展园区水环境治理

1. 完成乌江34号泉二期（深度）治理设施的建设和投用

为保护乌江的水质安全，开磷主动担当，从2009年起，累计投入5亿元治理乌江34号泉。目前治理工程每年运行费用超过1亿元，平均每天超过30万元。通过加强乌江34号泉深度治理设施

的运行管理,加强设备故障的维检修保障、制定运行管理考核办法等措施,现在,系统在涌出量5000立方米/小时以内能稳定运行。同时,投入157万元在泉涌水口、深度治理出口、下游沙井断面分别安装了在线监控设施,以实时监控水质情况和水质环境质量改善情况。

2. 针对息烽河水质不能稳定达到地表水Ⅲ类水体的情况,开展区域水环境防治工作

一是回收桂花泉溢流废水。从围堰溢流口位置架设管线,将桂花泉溢流废水引流到一次工业水取水口,直接补充进工业水系统,实现桂花泉溢流废水的回收利用,最大限度地减少和控制桂花泉溢流废水对息烽河水质的影响。二是回收干沟河废水。对干沟河上游受到污染河段进行防渗治理,分流上游地表水,减少拦河坝处的回收压力。安装两台水泵对污水进行全面运转回收,确保每小时回收200立方米以上的污水进入生产区污水站处理,减少拦河坝处的回收压力;安装两台水泵对干沟河拦河坝废水进行全面回收,每小时回收400立方米以上废水进入二次工业水使用,确保不发生溢流进入息烽河。三是加强生产区地坪防渗。投入400万元持续对生产区地坪进行防渗治理。现已完成磷酸装置和罐区的地坪防渗工程,防渗工程建成后,将有效解决生产区废水通过地表渗漏的问题。四是加强厂区废水回收利用。实施磷矿浆脱水再浆技改,将磷矿浆用陶瓷过滤机进行液固分离后,将其水分降至13%以下,脱出水回原料系统循环磨矿和输浆使用。同时,在浓密岗位增加调浆槽,将脱水后含水13%的磷矿浆用厂区含磷、含氟、含硫酸的污水进行调浆,将矿浆含水调整到含水33%左右进入磷酸生产系统。项目投

用后可每小时节约120立方米工业水的使用，转而消耗120立方米的污水，进一步优化内部水平衡。五是加强对息烽河的治理。投入约1.2亿元建设2×1500立方米/小时息烽河综合治理工程，投入约5000万元，对原小寨坝生活污水处理厂进行升级改造，达到5000立方米/天的处理能力，解决息烽河桂花泉、干沟河、山腰水对息烽河的影响。大力推进洋水河污染综合整治。投入1400万元实施洋水河治理应急工程，将开阳矿肥化工园区洋水河上游来水通过管道引流至下游排放，查找化工生产区污水渗漏点后进行收集处理，解决该河段总磷突增问题。投入1406万元实施矿井水治理工程，在确保用沙坝矿920水处理系统稳定运行、达标排放的基础上，建设沙坝土矿段和东80矿段矿井废水治理设施。同时，与地方政府配合解决洋水河周边生活污水处理厂的建设和投用工作，确保洋水河进入乌江大塘口断面的水质指标全面改善。

（三）防用结合，着力加强固体废弃物综合利用与整治

1. 整治贾家堰渣场

投入2000万元与上海交大合作对贾家堰渣场15万平方米区域进行覆膜治理，以解决贾家堰渣场因磷石膏堆存所产生的废水通过地表渗漏造成地下水污染的问题，于2017年4月全面完成覆膜防渗隔离工作。目前与之有关的桂花泉、干沟河污水泉眼的出水水质总磷指标呈现大幅下降态势，桂花泉水从治理前的30~40mg/L，降低到目前的约10mg/L；干沟河污水泉眼从治理前的300~500mg/L，降低到目前的50~80mg/L。预期未来几年将进一步下降，并逐步恢复到地表水三类水质指标。

2. 治理交椅山源头

2017年，开磷集团在已投入4200万元的基础上，继续实施交椅山渣场源头治理项目，启动实施交椅山渣场源头治理设施的建设工作，对源头钻探的26号、32号孔实施抽水作业，抽出废水进入水处理设施进行处理。

3. 综合利用磷石膏

配合省经信委制定《关于对省内磷化工企业排放磷石膏实施"以用定产"推进绿色化整治的工作方案》，提出在磷石膏综合利用方面的建议和存在的问题。同时，开展磷石膏制陶粒、制硫酸联产井下充填料项目的前期准备工作，加快技术研发，对现有生产工艺技术改造升级，提高磷石膏在建材产品、井下充填方面的综合利用。加强与中科院过程工程研究所合作，研究和开发无磷石膏产生的磷复肥生产工艺，以替代现有的磷复肥生产工艺技术。2017年，集团公司磷石膏综合利用量为352.5万吨，综合利用率为43.2%。

（四）完善环保管控制度，严格考核督察

按照省委省政府"推动绿色发展，建设生态文明"的意见，结合实际，制定并发布实施了《控股集团环境保护管理制度》《控股集团环保工作检查考核办法》及《控股集团三废污染防治管理暂行规定》及考核细则，对五个主要生产单位党政主要负责人按月度进行考核，考核结果与责任人月度工资收入挂钩。通过强化目标责任考核，推进环保管理工作持续有序开展，"三废"治理取得新进步。

三 开展生态环境保护工作的成就

2017年,开磷集团在环保项目上总计投入3.78亿元,各类环保治理设施运行费用合计约4.98亿元,环境治理能力进一步提升,环保形势稳步向好。固体废弃物排放量817万吨,废气排放总量322.61万立方米,磷煤化工生产废水"零排放",矿山废水排放总量683.65万吨,其中化学需氧量、氨氮、二氧化硫、氮氧化物四项总量控制污染物排放量分别为0吨、0吨、2146.86吨、173.28吨,下属各子公司污染物排放总量全部控制在与地方政府签订的减排目标责任书以内。

四 存在的问题

生态环境治理属于系统工作,不可能一蹴而就,需要付出大量的人力、物力和财力。贵州列入国家生态文明试验区,坚持铁腕治污,对有历史欠账的开磷提出了更高要求。目前存在的问题如下。

1. 仍有不小差距

生态环境治理是一项系统工程。尽管开磷在环境治理工作中取得一定的成绩,但离省委省政府的要求,离环境保护的法律法规,离人民群众对美好生活的期盼还有较大差距,即使现在环境治理达到标准,但随着生态文明建设的持续推进,环保的标准会越来越高、要求会越来越严,企业面临的压力会越来越大。

2.历史欠账较多

作为全国首批循环经济试点单位,开磷集团多年来坚持发展循环经济,坚持绿色发展,在各类资源利用上取得显著成效,但在环境治理工作上仍然欠账较多。《贵州省环境保护十大污染源治理工程实施方案》中,开磷集团两大生产基地均被列为贵州重点十大污染源治理工程范围。

五 对策建议

1.坚持绿色发展,源头杜绝污染

坚持创新、协调、绿色、开放、共享新发展理念,按照守底线、走新路、奔小康的总要求,以提高发展质量和效益为核心,以实现资源的集约高效与综合利用为主线,以强化创新驱动为动力,推动和加快企业供给侧结构性改革步伐和转型升级,调整产品及产业结构,重点打造"磷化工、肥料制造、贸易"三大主业,并依托现有产业基础和条件,充分发挥资源优势,推动企业向农业、服务业、金融等领域的跨界融合发展,不断提升开磷集团的综合竞争实力,把开磷建设成聚集效应突出、配套设施完善、生态环境优美、产业结构特征明显、"两化"高度融合的现代化大型企业集团,从源头上杜绝污染。

2.加压整改,解决环保欠账

目前,息烽河和洋水河的治理还需进一步加强;34号泉还需加大源头治理力度;息烽磷煤化工园区和开阳矿肥工业园区大气环境仍需继续改善;"三废"综合利用大有文章可做,资源综合利用率有待进一步提高。将继续加压不断整改，持续解决环保欠账，把重点发展循环经济作为企业发展方向，严格按照《贵州省环境保护十大污染源治理工程实施方案》和《贵州省十大行业治污减排全面达标排放专项行动方案》，系统研究息烽化工园区周边环境综合治理措施，着力于"末端""源头"两手抓，切实保障环保设施有效运行。在继续抓好"一泉两河"治理、园区大气治理基础上，进一步加大"三废"资源化再利用，积极推动磷石膏井下充填处理模式，继续实施改良盐碱地试验，大力推进磷石膏硫资源循环利用联产矿山充填料项目，强化磷石膏在新型建材、水泥缓凝剂等领域的综合利用，实施磷石膏的无害化堆存和最大化的综合利用。

B.10
2017年贵州瓮福集团社会责任发展报告

赵燕燕*

摘　要： 瓮福集团深入推进需求侧改革，完善企业的服务体系架构，持续领跑科技创新，生产经营状况呈现逆势增长，实现了国有资产保值增值，切实履行企业经济责任；通过走产业生态化、生态产业化道路，坚守绿色发展，探索循环经济发展模式，推动环保工作做细做实，始终把履行好企业安全环保责任摆在最重要的位置；在扶贫帮困，助力脱贫攻坚履行企业社会责任上，瓮福集团将"产业扶贫"作为主攻方向，同步开展教育培训、就业安置、农化服务等工作，利用"福农宝农业综合服务体系"贴近农业、服务农民，全方位、多层次推进扶贫工作落地见效，高度重视践行企业社会责任，赢得良好社会反响。

关键词： 贵州　瓮福集团　社会责任

---

* 赵燕燕，贵州省社会科学院党建研究所研究实习员。

一 企业简介

瓮福（集团）有限责任公司（以下简称"瓮福"）现有全资或控股子公司77家、参股公司24家，员工6600人，拥有32个磷肥、磷化工系列产品，具有年产755万吨磷矿石、185万吨磷酸、514万吨磷复肥、152万吨化工产品的生产能力。瓮福是业界首家百万吨大型成套湿法净化磷酸工艺技术拥有者及行业最大产品供应商；是全球唯一一家掌握从磷化工生产过程中将氟、碘战略性资源"变废为宝"进行深加工的企业；是国内首家按照欧美发达国家标准对磷石膏渣场进行全库盆防渗治理及安全堆存的磷化工企业；也是业内首家探索实践出国际EPC工程与技术服务的企业，瓮福的磷精细化工技术、产业生态化技术对推进中国磷化工跨入世界先进行列、引领全球磷化工发展做出了积极贡献。

2017年，瓮福集团生产经营状况呈现逆势增长，安全环保工作成效显著，合理合法维护好职工权益，脱贫攻坚工作顺利完成年度目标，良好履行了企业的经济责任、安全环保责任和社会责任。

二 经济责任

瓮福把做强做优做大企业作为必须履行的最大社会责任，大力开展科技创新，扎实推进产业转型升级，着力加强需求侧改革，加快完善服务体系架构，一心一意谋发展，生产经营状况呈现逆势增长，实现了国有资产保值增值，积极承担并履行好企业经济责任。

（一）业绩逆势增长

2017年，瓮福随着转型升级项目的逐步落地见效，传统制造板块结构更趋合理、效益更加明显，生产经营各项指标增幅明显提高，生产磷矿石747.83万吨，同比增长8.22%；磷复肥289.53万吨，同比下降8.19%；磷化工产品187.85万吨，同比增长21.44%；完成工业总产值127.58亿元，同比增长7.49%；实现营业收入415.6亿元，同比增长1.8%；实现利润2.3亿元，同比增长261.8%；缴纳税费9.34亿元，同比降低5.58%，2017年全年实现经营性正现金流18.5亿元，相比于2016年实现大幅扭亏为盈，是近五年来最好水平。自2017年第四季度起，精细化工产品的营业收入、工业总产值、毛利在制造板块中的比重历史上首次超过传统化肥，并不断提高占比，成为企业实现逆势稳步增长的重要支柱。同时，生产性服务业加速崛起，技术服务、物流业务收入同比增幅分别达到111%和101.5%，金融业务在最严监管和行业持续低迷的大背景下，依然实现20.1%的正向增长。

（二）需求侧改革成效显著

瓮福实施营销体系调整优化，拓展农资联盟渠道变革和化工品差异化营销，调整取消"保兑仓""暂定价"等传统高风险结算方式，优化国际贸易业务结构和压降库存。在肥料营销机制上，稳步扩大瓮福农资联盟影响力，开发乡镇销售渠道3500余个，实现化肥新渠道销售46万吨；在精细化工品拓展上，建立"1233"营销体系，实施"一类一策"差异化营销，努力挺价提价，利用技术服务+示范带动、构建物理壁垒等多种手段，实现产品在价格及市场空间的大幅提升。

（三）科技创新再创佳绩

2017年，瓮福以建设运行好国家重点实验室等基础性平台为核心，组建瓮福技术研究院及磷石膏专业分院，实现产业化技术研发、成果转化及推广运用的全链条、全流程管理。全年围绕集团转型升级方向开展新立项及续研项目20项，完成"废旧锂离子电池正极材料回收及工业锂盐精制"等9项重大专项科研项目验收，实现3个研究成果产业化。萃余酸除杂质、类精矿制酸、硫酸亚铁提纯等制约产能释放和产品增值的技术瓶颈实现突破，部分已转化为中试及工业化实验。2017年，瓮福共申请专利53件，授权48件。技术服务企业项目拓展及执行进展顺利，实现营收超3亿元，利润5500余万元，新签订合同金额超4亿元。

（四）服务体系架构不断完善

金融方面，瓮福强化业务边界和模式的拓展创新，开辟商业信用变现等新融资渠道，全年获得新授信30亿元，金融经营业务实现利润超7000万元。物流方面，对内部生产、销售、供应三大物流板块实施系统管控，强化优惠政策协调争取，优化方式方法，提升效率，降低成本。供应采购方面，以行业联合硫素采购为重点，把握硫酸、硫铁矿等采购节奏，在稳定供给的同时降低相应成本，同步组合运用灵活的付款方式。信息化方面，加大MES系统在公司内部的推广应用，探索实践大数据在集团生产经营中的应用。品牌管理方面，瓮福跻身省级培育示范企业，名列全省品牌价值30强第三位，品牌价值达81.52亿元，较2016年增长11.04亿元。

三 安全环保责任

瓮福将产业生态化与资源循环利用上升至集团发展战略，推进企业向绿色生态可持续更高端形态演进。2017年，瓮福全年投入安全环保费用1.53亿元，在发展循环经济、安全生产和生态环保方面做出积极探索并取得一定成效，高度重视履行企业安全环保责任。

（一）持续推进产业生态化

瓮福按照"源端节能降耗减排、中端强化三相治理、末端资源综合利用"的"三端治理"思路，在节能减排、增量控制、综合利用的基础上，不断加大技术开发和资金投入力度，持续推进产业生态化发展。

水相治理：一是化工园区实施摆纪磷石膏渣场防渗治理、厂区明管化改造和地坪防腐处理、污水回用、中水深度处理等项目，实现园区废水综合利用小循环；二是实施矿山选矿厂污水、尾矿库废水、矿坑矿井污水进行封闭循环利用，实现矿山废水综合利用小循环；三是实现矿山输送精矿带来的水反向送回矿山，渣场的酸性废水输送到矿山选厂替代硫酸，实现矿山与化工园区的废水大循环；四是实现吴家河溶洞污水回收治理工程、发财洞污水处理一、二、三期工程等一系列污水治理项目，同时采用源端＋中端＋末端措施加强环保工作。2017年，翁福集团顺利通过中央环保督查，翁福在环保领域所总结的"翁福经验"得到充分肯定。目前，清水江流域出省断面全面达到Ⅲ类地表水质标准，重安江出州断面氟化物达到Ⅲ类水质标准，总磷从治理前的10mg/L（2013年）下降至2017年的0.5mg/L，至2018年1月达到Ⅲ类水0.2mg/L。

气相治理：2017年，瓮福总投入1.29亿元，启动瓮福马场坪化工园区气相深度治理工程，实施了天福公司SO_2制硫黄项目，通过开展提标改造（严于当前排放标准50%），在大幅削减污染物排放总量的同时（较治理前下降50%），基本解决烟气拖尾问题，视觉效果明显改善。当前，瓮福正在编制新的"气相治理三年规划（2018～2020年）"，力争基本消除感官污染。

生态复绿：2016年冬季和2017年春季，瓮福在福泉将复垦的550多亩土地建设成为标准化林木种植基地，并根据可耕土壤的条件，选择性种植了刺梨、葛根、茶叶等具有市场价值的作物，福泉现已形成700余亩草地。2017年初，瓮福确定与贵州大学在瓮福磷矿英坪矿一号坑排土场共建香根草矿山复绿试验项目，栽种面积共2公顷，试验的排土场边坡未覆盖过土壤，坡面几乎全是砂石，9月，香根草矿山复绿试验项目验收成功，为生态复绿探索出新路子。

（二）稳步实施生态产业化

低位余热利用产业。瓮福通过硫酸装置低位余热（HRS）回收利用,每年回收低压蒸汽45万吨,年直接效益为4000万元。同时,天福公司锅炉富余蒸汽与化工公司整合后,关停两台75吨燃煤锅炉,每年SO_2减排546吨、烟尘减排54吨、氮氧化物减排268吨,从源头上降低了污染物排放。

资源综合利用产业。瓮福通过引进吸收国内外先进技术再创新,开发了磷矿伴生氟、碘资源回收利用成套技术,在磷化工制造技术领域处于世界领先水平,建立了具有瓮福自身发展特色的循环经济模式,并向全国同行业合作辐射,做大做强产业,一是磷矿伴生氟资源综合利用,二是磷矿伴生碘资源回收利用,三是硫化氢、二氧化碳回收利用。

磷石膏综合利用产业。坚持"三端发力"。一是源端调结构,实施磷精矿供给"精料策略",一方面加大34%以上品位的磷精矿供应马场坪工厂力度;另一方面重新审视、优化产业布局,压减传统产能,加大产品调整步伐。二是中端提品质,强化磷酸生产环节管理。三是末端强利用,一方面,研究论证磷石膏制硫铵、磷石膏制超级磷酸盐、磷石膏制α高强石膏副产磷酸等项目,同时开展矿井矿坑填充实验,探索露天采坑充填生态修复;另一方面,以磷石膏之作新型建材为重点,加快推进实施新项目,开发自留下游产品,持续开展招商引资。

环保技术输出产业。瓮福已形成以科技工程公司、上海克硫公司、瓮福蓝天公司、贵州中拓公司、河北正昌浮选药剂公司等组成的产业布局及体系,将氟、碘资源综合利用、烟气脱硫、磷石膏处置等作为技术输出的重点方向,深度挖掘绿色、生态、环保的"宝库",大力拓展在"三相"治理和资源综合利用上的服务市场,努力打造行业知名环保服务品牌。

2017年，瓮福实施重要环保项目12项，水相治理项目7项，气相治理项目3项，固废治理2项，截至2018年5月，已完成8项，预计所有项目2019年底完成（见表1）。

表1　2017年瓮福重要环保项目建设运行情况

项目	投入资金(万元)	完成时间	建设运行情况
重安江流域治理项目	1566.21	2017年2月	运行正常
发财洞地表水分流项目	192.59	2017年6月	运行正常
发财洞1#应急池项目	650	2017年12月	运行正常
石板河3#泉眼、河坎路2#泉眼水回收项目	179	2017年12月	运行正常
重安江流域治理后期改造项目	120	2018年2月	运行正常
双眼井应急处理工程项目	240	2018年4月	运行正常
复合肥装置尾气深度治理项目	485	2018年3月	运行正常
粒状硫铵尾气深度治理项目	420		运行调试中
DCP扩能至10万吨项目	1800（计划投入）	2018年12月	
发财洞应急处理工程项目	2184.56（计划投入）	2018年6月	
磷酸装置尾气深度治理项目	360（计划投入）	2018年6月	
磷石膏渣场环境生态改造综合体项目	7367.57（计划投入）	2019年12月	

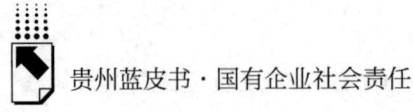

（三）扎实开展安全生产管理培训

瓮福深入贯彻落实党中央、国务院及省委省政府关于加强安全生产工作的重要指示精神和相关安全生产法律法规，全面推行HSE管理，扎实开展安全生产管理培训宣贯工作。2017年，瓮福排查隐患数量6991项并全部整改。瓮福主要负责人安全培训12期次，培训99人次；安全生产管理人员安全培训11期次，培训426人次；特种作业人员安全培训12期次，培训271人次。特种设备作业人员安全培训5期次，培训117人次；职业健康管理培训4期次，培训185人次；集团公司级HSE培训20期次，培训1241人次；安全培训教师再培训2期次，培训113人次；其他从业人员全员安全培训1376期次，培训26377人次；专职应急救援人员和民爆物品"四大员"培训8期次，培训93人次。

四 社会责任

（一）构建和谐劳动关系

加强文化建设，丰富职工精神生活。通过开展文体骨干培训班，举办职工气排球比赛，组队参加贵州省"体育彩票杯"第十三届健身气功比赛、贵州省直属企业工会游泳运动会，聘请教师举办太极、瑜伽、吉他、健身操舞等培训活动，多措并举丰富职工精神生活，满足职工精神文化需求。

做好信访工作，维护职工权益。全年接待基层职工来电、来访

500余人次，严格按照国家政策法规和公司有关规定帮助职工解决难题，维护职工权益，有效化解企业与职工内部矛盾，推动构建瓮福和谐劳动关系。

开展关爱帮扶，情系职工群众。"两节"期间，看望慰问部省级以上劳动模范、五一劳动奖章获得者和先进个人、工伤及职业病患者、困难职工等；帮助员工办理就医相关事项；开展"六一"助学、助残活动；组织完成部分职工的疗休养工作；组织离退职工参加有益身心健康的各种活动，使广大员工充分感受到瓮福和谐大家庭的温暖。

积极培养人才，增强职工能力。培养与集团公司转型升级发展相适应的技能人才，举办上下岗位练兵、技术比武、技能竞赛师带徒等能力素质提升比赛，举办集团公司磷矿石浮选、磷精矿浓密以及公文技能竞赛，在职工队伍中营造了学文化、学技术、练技能的良好氛围，有效提升职工各项能力素质。

（二）助力脱贫攻坚

2017年，瓮福集团深入践行"创造价值、回馈社会、实现多赢"的社会责任理念，切实开展结对帮扶榕江县工作，助力打赢贵州脱贫攻坚战。瓮福共派出10名骨干组成扶贫工作队驻县驻乡驻村，全年累计投入超过1400万元，帮扶工作有序推进，与榕江县共同完成了减贫脱帽的年度目标任务。通过招商引资、培育优势种植养殖业、送肥下乡、进行农产品产销对接等方式，构建农业脱贫产业链扶贫模式，开展教育帮扶、党建帮扶，运用大数据+农业帮扶等，累计帮助带动榕江县1.7万贫困人口脱贫。

招商引资促脱贫。2017年5月13日,瓮福、榕江县人民政府和广东海大集团三方共同签署了投资协议,决定在榕江县建设50万头的生猪养殖基地,概算总投资5.4亿元,将在3年内分两期完成项目建设。项目实施预计可实现800~1000户贫困户脱贫,户均年增收1.5万元以上,有效促进贫困村产业发展,贫困户增收。

培育优势种植养殖业。(1)支持帮扶平江乡当鸠村石蛙养殖合作社15万元用于特种养殖项目的基础设施建设,项目覆盖当鸠村25户100人,其中贫困户20户80人。项目建成并实施后,预计年增收82.32万元,项目覆盖贫困农民年人均纯收入增加1200元以上;(2)支持帮扶计划乡加宜村特种养殖合作社36万元用于购买竹鼠和技术培训,项目覆盖加宜村20个竹鼠养殖示范户80人,一年新增竹鼠600只,按当前当地竹鼠市场价每斤60元计算,每年每户养殖户销售200只共800斤测算,年收入可达4.8万元;(3)推进"两香一米"(小香鸡、香菇、锡利贡米)项目。小香鸡项目:目前已累计投入帮扶资金95万元,用于小香鸡鸡舍建设和绿壳蛋鸡产业发展,建设年产350万羽小香鸡育雏场1个,年出栏300万羽小香鸡商品肉鸡育肥场1个,新建30000羽/天小香鸡屠宰加工厂1个,日产120吨小香鸡专用饲料加工厂1个,年产优质冷鲜小香鸡商品肉鸡150万羽,熟食小香鸡商品100万羽,优质小香鸡商品肉鸡活鸡50万羽,项目预计带动300余户贫困户1500余人脱贫。香菇项目:榕江县与湖北裕国菇业股份有限公司合作,瓮福资助200万元建设示范基地(当前因榕江县政府决定不再实施该项目,瓮福暂缓跟进)。锡利贡米项目:瓮福资助220万元用以帮助榕江县锡利贡米产业的发展,榕江县政府也针对项目发展计划投入扶贫资金42万元在寨蒿镇发展100亩锡利贡米示范点，目前种植的1万亩无公害优质锡利贡米水稻，涉及古州镇、寨蒿镇、乐里镇、忠诚镇4个乡镇，累计带动500余户贫困户，2000余人增收。

送肥下乡。瓮福结合自身优势，2015年至今累计向榕江县捐赠肥料3000吨，折合资金约700万元，帮助贫困户减少农用支出，实现增收脱贫。

农产品产销对接。瓮福按照省国资委《关于建立监管企业农产品产销对接机制助力脱贫攻坚工作的通知》和《瓮福结对帮扶榕江县农产品产销对接机制》要求，结合在黔企业食堂运作情况，在贵阳总部食堂先行开展试点，与贵阳供销马车队农业发展有限公司达成采购协议，由贵阳总部食堂承包人定期在该公司采购来自榕江县贫困地区的农产品，为榕江县农产品直销做了有效探索。截至2018年5月，贵阳食堂累计采购贫困地区农产品约15000斤，并且利用"福农宝"大数据平台帮助榕江县销售农特产品脐橙32450斤、小香鸡834只、大球盖菇500斤。

构建农业脱贫产业链扶贫模式。一是邀请贵州大学农学院张万萍教授及其带领的专业团队，对榕江县蔬菜产业链进行整体规划，编制了《榕江县商品蔬菜全产业链建设项目可行性研究报告》《古州田园综合体总体规划》；二是建立榕江县农业脱贫产业链，以"政府+企业+社会资源"即"1+1+N"的运营模式组建平台公司，引入龙头企业、专业公司、合作社、种植大户等，将榕江打造成优质果蔬基地；通过平台公司申请脱贫攻坚基金产业项目子基金，助推榕江县"一县一业"蔬菜全产业链发展，为榕江县农业脱贫产业链提供资金统筹规划、农业设施建设规划，提供技术指导、市场对接等服务。2017年10月27日，瓮福与榕江县人民政府签订了关于在榕江县成立农业开发公司框架协议书，并于11月10日注册成立了贵州瓮福榕江农业开发有限公司。目前，公司正在组织建设500亩的试验示范种植基地和120亩中药材试验示范基地，采用"公司+合作社+农户"的运营模式帮助培育合作社，带动贫困人口参与就业，实现增收脱贫。

教育帮扶。一是联合榕江县、贵州工业职业技术学院，开办瓮福榕江机电一体化"订制班"，为学生在校期间提供生活资助，学生毕业后考核合格可到公司就业。2017年瓮福—榕江高职代培班招收31名贫困学生，2018年3月又有102名应届高中生通过分类招生填报了瓮福榕江机电一体化"订制班"。二是出资2万元帮助忠诚镇王岭村小学购买配套课外书籍，充实学校图书阅览室图书资料。

党建帮扶。充分发挥驻乡副书记和驻村"第一书记"作用，帮助建强乡、村级班子，夯实基层党建基础；拨付总计20.6万元用于三个第一书记所在驻地购买电脑、投影仪、文件柜、党建学习资料以及修缮、建设村党员活动室，改善和提高基层组织活动的基本条件，加强基层组织阵地建设。

大数据+农业。"福农宝"农业大数据平台依托瓮福全国1万多家乡镇级销售网点，面向合作社、基地和农户，通过移动互联网提供专家服务、测土配肥、农资直供、助农金融等现代农业服务，目前，已在榕江、福泉等十多个县落地实施。平台还建立了大宗农产品线上交易平台，将种植主体与全省全国的市场联系到一起，搭建从种植端到销售端的完整农业产业链条。（1）"福农宝"面向全省的合作社、种植养殖基地和农户提供从测土配肥、专家服务到农资直供、农产品采收撮合、助农金融等全产业链的现代农业服务。（2）通过将种植养殖合作社、基地与中央厨房、团餐配送企业直接撮合交易，减少流通环节、降低流通成本，打造贵州的农商互联大数据平台。平台还将通过大数据的统计与预测，逐步面向全省种植养殖合作社推行"以销定产""订单农业"。（3）"福农宝"联合金融结构，利用采集的农业全产业链数据建立一套互联网金融风控模型，推出面向农户的互联网金融产品"福农白条"，搭建一个基于大数据的助农金融服务体系，解决农民贷款难的问题。（4）"福农宝"在提供现代农业全产业链服务的过程中，不断采集来自全省各个农业产区、合作社和农户的实时种植养殖排产数据、土地流转数据、农资使用数据、农技服务数据、农产品交易与市场行情数据、种植养殖成本与收益分析数据、金融信贷数据等，形成全省的农业大数据平台，将为各个州、县、乡镇级政府、农业主管部门提供区域农业发展数据统计、分析与预警服务，协助政府更加科学地进行区域种植养殖结构规划、农业产业发展的管理与监控、精准扶贫措施的制定与跟踪，以大数据推动区域现代农业产业的全面发展。

专 题 篇

Special Report

B.11
2017年贵州省国有企业社会责任问卷调查分析与思考

——基于茅台集团、开磷集团、瓮福集团问卷分析

郭丽 周鹏飞*

摘 要： 茅台、开磷、瓮福国有企业在大扶贫、大数据、大生态三大战略中，坚持守好发展与生态两条底线，提质增效、转型升级、逐步强化品牌意识，在脱贫攻坚中砥砺前行，坚持社会责任履职，对茅台、瓮福、开磷三家大型国有企业进行社会责任问卷，无疑具有很强的代表性，对国

---

* 郭丽，贵州省社会科学院党建研究所所长、研究员；周鹏飞：贵州省财经大学助理馆员。

有企业社会责任履职决策具有一定的参考价值。

关键词： 典型国有企业　社会责任　问卷分析

在中国共产党十八届三中全会上第一次明确提出：企业要承担社会责任。2017年，贵州省国有企业社会责任履行无疑具有很大挑战。既有脱贫攻坚又要有提质增效，还有绿色发展、品牌建设等多方面的要求。贵州省国有企业既要兼顾转型升级发展需要，又要继续完成脱贫攻坚、环境保护等社会责任，为进一步掌握和了解国有企业职工对社会责任的认知度、支持度，本课题组随机抽选茅台集团、开磷集团、瓮福集团这三家大型国有企业职工进行问卷调查，并进行研究，分析结果期望对政府部门决策具有咨询和参考作用。

一　调查对象与调查内容

（一）调查对象

本报告调查对象均为茅台集团、开磷集团、瓮福集团总部工作的职工代表以及龙里县部分企业代表。其中，有的职工是具体负责国有企业社会责任工作的；有的职工是国有企业各个部门工作的职工；有的是龙里县企业代表。本次调查共发出121份，收回120份，有效率为99.2%，缺失率为0.8%。

（二）调查内容

本次问卷设计共分为四个部分：第一部分为企业基本信息；第二部分为企业社会责任认知状况；第三部分为企业社会责任建设状况；第四部分为企业扶贫帮困状况。

（三）问卷调查结果状况

第一部分为企业基本信息：本次问卷调查，缺失值较多，有66人未填，占总人数的54.1%；城建企业2人；制造业1人；服务业2人；工业2人；化工15人；国际贸易1人；化肥2人；建筑业1人；交通运输业5人；金融业3人；磷化工8人；磷化工制造业1人；旅游业2人；农资1人；轻工业1人；商贸1人；商业服务业1人；食品业2人；食品制造业3人；水生产企业1人；其他农业1人。

第二部分为企业社会责任认知状况：问卷结果显示：请问您对"企业社会责任"的了解程度如何？回答"很了解"的13人，占被访人数有效样本的10.7%；"比较了解"的50人，占被访人数有效样本的41.3%；"一般"的55人，占被访人数有效样本的45.5%；"不太了解"的1人，占被访人数有效样本的1.8%；"说不清楚"的2人，占被访人数有效样本的1.7%。在问及"您觉得企业社会责任应该包括哪些方面"时，回答"坚持诚实守信，确保企业产品货真价实的责任"的113人，占有效样本的93.4%；回答"坚持科学发展，担负起增加税收和国家发展的使命"的102人，占有效样本的84.3%；回答"坚持可持续发展，高度关注节约资源，改变经济增长方式，发展循环经济"的115人，占有效样本的95%；回答"坚持保护环境，担当起维护自然和谐的重任"的113人，占有效样本的93.4%；回答"支持公共服务建设，担当起发展医疗卫生、科技教育和文化建设的责任"的90人，占有效样本的74.4%；回答"发展慈善事业，重视和承担起扶贫济困的责任"的95人，占有效样本的78.5%；回答"维护职工权益，确保职工待遇和承担起保护职工生命、健康的责任"的113人，占有效样本的93.4%；回答"推动科技创新，重视科技研发和引进技术的消化吸收，加大资金与人才的投入"的99人，占有效样本的81.8%。在问及"贵企业是如何体现社会责任的"，回答企业发展中有社会责任描述的48人，占有效样本的40.3%；回答"已制定社会责任目标、指标、管理方案"的15人，占有效样本的12.6%；回答"有专门负责社会责任的部门和主管"的24人，占有效样本的20.2%；回答"已编写社会责任发展报告"的29人，占有效样本的24.4%；回答"与利益相关方建立良好沟通机制"的3人，占有效样本的2.5%。

第三部分为企业社会责任建设状况：被问及"通过履行企业社会责任，贵企业主要希望获得什么价值？"，回答"提高企业和品牌的知名度和影响力"的103人，占有效样本的85.8%；回答"提升企业的市场营销效果"的5人，占有效样本的4.2%；回答"增强员工对企业的归属感和满意度，加强企业凝聚力"的10人，占有效样本的8.3%；回答"加强与利益相关方的联系，建立良好的公共关系"的2人，占有效样本的1.7%。被问及"贵企业主要开展哪些方面的社会公益工作或活动？"，回答"环保与可持续发展宣传（含环境保护、节能减排、环保倡导、绿色办公等）"的99

人,占有效样本的82.5%;回答"扶贫济困(含弱势人群扶助、妇女儿童救助、农村产业扶贫、精准扶贫等)"的94人,占有效样本的78.3%;回答"关爱职工(对家庭困难的企业职工,进行专门慰问与帮助)"的54人,占有效样本的45%。被问及"贵企业的社会责任工作主要是由哪个部门负责的?",回答"政工部门/党群部门(如党委办公室,团委、工会等)"的76人,占有效样本的63.9%;回答"行政部门,办公室"的22人,占有效样本的18.5%;回答"独立的企业社会责任部门(或者公共事务部门)"的10人,占有效样本的8.4%。被问及"负责企业社会责任工作的相关工作人员又是如何进行安排的?",回答"有专职工作人员"的61人,占有效样本的51.7%;"有兼职人员"的48人,占有效样本的40.7%;回答"临时抽调人员完成相关工作"的7人,占有效样本的5.9%。被问及"你们企业开展社会责任工作的相关经费是怎么解决的?",回答"每年都有专项经费的"的70人,占有效样本的60.3%;回答"根据需要临时拨付经费"的38人,占有效样本的32.8%。被问及"贵企业对开展社会责任工作的宣传,其主要渠道和形式是什么",回答"企业社会责任报告"的102人,占有效样本的87.2%;回答"各类媒体专题、专访、报道等"的13人,占有效样本的11.7%。被问及"贵企业将主要通过什么方式来提升履行社会责任的工作水平",回答"为企业内部相关工作人员组织企业社会责任专题培训和讲座"的97人,占有效样本的83.6%;回答"参与第三方专业机构组织的企业社会责任培训和研修项目"的13人,占有效样本的11.2%。被问及"为更好履行企业社会责任,贵企业最希望获得的外部支持是什么",回答

"希望政府能给更多相关政策支持"的105人，占有效样本的89%；回答"希望媒体能以更建设性的方式参与和报道"的9人，占有效样本的7.6%；回答"希望企业的相关工作的策划和实施，获得更好的第三方的参与和服务"的3人，占有效样本的2.5%。

第四部分为企业扶贫帮困状况。被问及"请问贵企业是如何看待有关'扶贫攻坚'政策的"，回答"很重要，与企业发展息息相关"的83人，占有效样本的69.7%；回答"比较重要，与企业发展有密切关"的25人，占有效样本的21%。被问及"您认为引导企业开展扶贫帮扶工作的意义大不大"，回答"很大"的77人，占有效样本的64.7%；回答"较大"的26人，占有效样本的21.8%。被问及"贵企业开展扶贫帮困的主要方式"，回答"救济式扶贫"的49人，占有效样本42.2%；回答"教育扶贫"的41人，占有效样本的35.3%；另一种回答"产业扶贫"的64人，占有效样本的55.2%；"项目扶贫"的22人，占有效样本的19%；"教育扶贫"的19人，占有效样本的16.4%。被问及"贵企业扶贫工作主要是由哪个部门负责的"，回答"专门的扶贫办公室或者扶贫小组"的56人，占有效样本的49.1%。回答"党政部门"的46人，占有效样本的37.7%。被问及"贵企业负责开展扶贫工作的人员主要是哪一种情况"，回答"专职"的72人，占有效样本的62.1%；回答"兼职"的28人，占有效样本的24.1%；回答"临时抽调"的14人，占有效样本的12.15%。被问及"贵企业开展扶贫帮困工作面临的问题和困难有哪些"，回答"交通基础设施不完善"的56人，占有效样本的48.3%；回答"对口扶贫区域群众缺乏后续发展能力"的54人，占有效样本的46.6%；回答"扶

贫方式单一,缺少针对性"的5人,占有效样本的4.3%。被问及"请您对贵企业开展扶贫帮困工作的整体情况进行评价",回答"促进对口帮扶区域经济快速发展,人民收入不断增长"的80人,占有效样本的67.8%;回答"提高了企业的社会声誉和影响力"的65人,占有效样本的55.1%;回答"企业获得政府的信任和支持"的47人,占有效样本的39.8%。被问及"您认为进一步改进企业扶贫工作的关键环节是哪些方面",回答"加大政府对企业扶贫的政策支持力度,引导企业主动参与"的96人,占有效样本的82.8%;回答"创新企业扶贫模式,提升企业扶贫水平"的79人,占有效样本的68.1%;回答"加强政府对企业扶贫工作的服务保障"的71人,占有效样本的61.2%;回答"完善企业扶贫工作中的激励机制"的56人,占有效样本的48.3%。

二 问题分析

贵州省国有企业履行社会责任自觉担当逐年提高,社会影响和社会效益逐年增强,但在实际操作中,由于社会责任实践在贵州省建设比较短,理论与实践探索仍显欠缺,当前仍有一些问题亟须解决。

(一)国有企业增质提效对社会责任履职能力和水平呈不对等关系

国有企业增质提效、转型升级的成功是国有企业履行社会责任的前提条件与基础。其履职能力的强弱一直由企业自身发展能力决定。因此，国有企业社会责任一定是在自身可持续发展的基础上。然而在调研中得知，有的企业肩负每年20亿元的银行利息的同时，还肩负破产企业的收购，扶贫攻坚的艰巨任务，显得"疲惫不堪"。我们也担忧这样的国有企业如果转型升级面临严峻挑战，"一刀切"履行社会责任，是否会影响企业可持续发展。

（二）扶贫帮扶的组织形式仍不稳定

通过问卷我们发现，被问及"贵企业扶贫工作主要是由哪个部门负责的"，回答"专门的扶贫办公室或者扶贫小组"的56人，占有效样本的49.1%；回答"党政部门"的46人，占有效样本的37.7%。被问及"贵企业负责开展扶贫工作的人员主要是哪一种情况"，回答"专职"的72人，占有效样本的62.1%。回答"兼职"的28人，占有效样本的24.1%；回答"临时抽调"的14人，占有效样本的12.15%。由此数据得知，国有企业开展扶贫攻坚工作，成立扶贫小组或者办公室被调查者比例为49.1%，"兼职"和"临时抽调"比例为36.25%，仍然看出，有的国有企业对贵州省当前中心任务相当重视，有的国有企业将此项任务视为临时性任务，临时抽调人员，由企业内部机构履行这一职能。一些地方国有资产监管部门尚未把企业社会责任作为重要的指导工作内容，国有企业履行社会责任的水平不一，还难以担当起"自觉履行社会责任的表率"。

（三）扶贫帮扶配套举措缺乏

国有企业扶贫帮扶的方式主要采取以下几种：一是项目扶贫；

二是产业扶贫；三是就业扶贫；四是教育扶贫。主要扶贫方式是项目扶贫，国有企业的扶贫模式从"输血"到"造血"改变，扶贫成效更具有长期性和可持续性，具有深层次的扶贫价值和扶贫意义。但项目落地的同时，还需要对本项目土地、资金、技术、管理人员等相应配套举措跟上，如果配套举措跟不上的话，会导致项目缺乏发展后劲，不仅加大运输成本，还会因为缺乏相应技术人才和管理人才，导致项目运转困难。

（四）社会责任评价机制不健全

国有企业要履行社会责任已是不争的事实。然而社会责任的相关研究却相对滞后，如何建立行之有效、科学合理的社会责任评价指标体系，对于客观、公正评价国有企业社会责任履职状况具有很重要的引导意义，如何建立健全国有企业激励机制与惩处机制亟须进一步加强。

三 加强国有企业社会责任的对策建议

当前国有企业社会责任履行正处于一个考验期、高峰期，这意味着国有企业社会责任的履行在急难险阻的情况下，国有企业的担当和责任是一种常态，不是一种临时状态，为此，针对现阶段国有企业社会责任履行中存在的问题，本课题组提出如下建议。

（一）建立国有企业社会责任体系"风向标"

国有企业是国民经济发展的中坚力量，是中国特色社会主义的支柱。国有企业作为一种生产经营组织形式，同时具有商业类和公益类的特点，其商业性体现为追求国有资产的保值和增值，其公益性体现为国有企业的设立通常是为了实现国家调节经济的目标，起着调和国民经济各个方面发展的作用。国有企业社会责任应包括：不断提高企业核心竞争力，实现国有资产保值增值；依法经营，诚实守信，维护市场经济秩序；提供优质产品；节约能源，走资源节约型、绿色发展型、环境友好型的发展道路；维护职工合法权益和正当利益；确保企业安全生产；加强企业科技创新；增加社会就业；扶贫帮困，积极参加社会公益事业等。要建立规范的社会责任体系，明确国有企业社会责任内容，为国有企业社会责任履行提供风向标。

（二）建立健全国有企业社会责任领导体制

社会主义市场经济条件下的国有企业，要成为自觉履行社会责任的表率，作为国有企业坚持社会责任市场经济改革方向的突出特征，是新时代国有企业深化改革的重要亮点之一；国有企业履行社会责任中的引领和表率作用充分发挥，与显著提高国有资本配置效率、国有经济布局结构优化、主导作用有效发挥相融合。这两项重要要求，将成为国有企业社会责任建设的基本定位和行动指针。国有企业履行社会责任是一种常态，在省级层面应建立国有企业社会责任领导小组，由领导小组策划与企业相关的社会公益事业，各个国有企业董事长为领导小组下属成员，在企业内部建立社会责任专门办公室和专职人员负责社会责任工作。

（三）建立科学合理的社会责任履职评价机制

尽快建立政府、企业、社会"三位一体"的评价指标体系，将对国有企业履行社会责任的情况、质量提供具体、客观的评价标准。政府要在健全法律法规基础上，建立科学合理的评价指标体系，企业社会责任将建立包括经济、社会、生态等内容的评价体系，建立社会参与评价体系，在评价国有企业社会责任时有社会参与力量和监督力量，这样多方评价才是一个完整的评价指标体系。同时，在评价国有企业社会责任履职中要注意把握好以下原则：一是企业履行社会责任要与企业自身主营业务和专场领域相结合，起到事半功倍的效果。二是国有企业履行社会责任量力而行，忌好大喜功，过分追求社会声誉，履行与自己承载能力不相符的社会责任。三是国有企业要履行与企业自身现阶段资源与能力相匹配的社会责任。

（四）加强国有企业科技创新能力

实施创新驱动发展战略，在国家科技奖励中，中央企业获得科技奖项占获奖总数的1/3以上。中央企业已经成为名副其实的国家科技创新的主力军。贵州省国有企业要树立科技创新意识，将企业自身废渣转变为社会接轨的新型产品，利用循环经济理念与企业自身转型相结合。加大投入，建立一支热爱企业发展的科技人才队伍，鼓励科技创新，真正激发国有企业发展内生动力。

B.12
扶贫先扶智

——基于贵州省国有企业智力扶贫的思考

张云峰*

摘　要：	扶贫必扶智，让贫困地区的学子继续接受良好教育，帮扶贫困地区群众增长脱贫技能，是阻断贫困代际传递的重要途径，也是实现脱贫攻坚的有效路径。贵州省国有企业高度重视智力帮扶，培育智力帮扶的知名品牌，成效明显，有效推进贵州脱贫攻坚工作前进。基于贵州省国有企业智力帮扶的案例，进一步思考国有企业智力帮扶的经验和改进的对策建议，让贫困地区群众早日实现脱贫，是一个值得关注的话题。
关键词：	国有企业　扶贫　扶智　教育

摆脱贫困、终结贫困、建立一个没有贫困的世界，是全人类共同的愿望，但人类社会发展过程中贫困问题却是无法绕开的重大问题。中国共产党是中华民族和中国人民的先锋队，向全世界庄严承诺：带

---

* 张云峰，贵州省社会科学院党建研究所副研究员。

领贫困人口和贫困地区同全国一道进入全面小康社会。当前，我国的脱贫攻坚工作进入关键时期，尚未脱贫的贫困群体基本上处于受教育程度不高，缺乏脱贫的技能，教育匮乏与落后导致缺乏主动脱贫的状态，"等、靠、要"思想极其严重。自然条件限制、地区基础设施建设薄弱、贫困人口生存技能弱和政策边缘化等因素是造成贫困的根源。新中国成立以来，国家不断对贫穷地区给予政策和物质的倾斜，帮助贫困地区发展经济，千方百计让贫困地区人民过上幸福生活。但是政府的单向扶持仅仅是一方面，贫困地区的发展需要激发当地群众的内生动力，调动贫困群众干事创业的积极性和良好的精神面貌，从根本上消除长期存在的"等、靠、要"的消极思想。脱贫攻坚工作目前已经进入啃硬骨头的阶段，激发贫困群众的积极性和防止返贫现象的出现，关键在于扶贫过程中，要高度重视教育扶贫，扶贫先扶智，只有激发贫困地区贫困群众的内生动力，改变过去"等、靠、要"的懒惰心态，改变过去的输血扶贫的方式，激发贫困群众对美好生活向往而努力奋斗，能促进经济发展和社会进步，才能完成脱贫攻坚同步小康的艰巨任务。授人以渔，传授贫困地区群众的生存技能，改变过去"送米、送油、捐款"的扶贫模式，创造新的扶贫模式，关键在于高度重视教育扶贫，扶贫先扶智。摆脱贫困的根本在于教育，教育是摆脱贫困代际传递的重要渠道。摆脱贫困需要智慧，智慧来源于教育，阻止贫困代际传递的重要途径就是要发挥教育的作用。习近平总书记高度重视教育在脱贫攻坚中的作用，指出：要紧紧扭住教育这个脱贫致富的根本之策，再穷不能穷教育，再穷不能穷孩子。[①] 2015年全国

---

① 《十八大以来重要文献选编》（上），中央文献出版社，2014，第682页。

扶贫先扶智

"两会"期间,习近平在参加代表团审议时指出:扶贫先扶智,绝不能让贫困家庭的孩子输在起跑线上,坚决阻止贫困代际传递。[①] 2015年教师节,在给"国培计划(2014)"北京师范大学贵州研修班参训教师的回信中,习近平总书记指出:扶贫必扶智。让贫困地区的孩子们接受良好教育,是扶贫开发的重要任务,也是阻断贫困代际传递的重要途径。[②]

贵州是全国脱贫攻坚的主战场,虽然近年扶贫取得成就众多,但是因为历史的原因,欠债较多,脱贫攻坚工作面临艰巨的任务。为了打赢这场输不起的战役,贵州省委、省政府号召全省所有力量参与到脱贫攻坚战中来。2016年,习近平主席在"全国国有企业党的建设工作会议"上提出,"使国有企业成为党和国家最可信赖的依靠力量",希望国有企业在相关领域发挥相应的作用。2015年,贵州省委办公厅、省政府办公厅出台《关于动员国有企业结对帮扶贫困县推进整县脱贫的指导意见》,希望国有企业在脱贫攻坚中大显身手,发挥自身熟悉市场的优势,积极帮助贫困县改善基础设施、扩大就业增收、增强公共服务、培育主导产业,夯实贫困县的经济基础,助推早日脱贫奔康。省委省政府确定贵州茅台集团等12家国有企业"一对一"结对12个脱贫攻坚任务重的贫困县。贵州省12家国企对帮扶工作高度重视,对于脱贫攻坚工作,按照省委省政府的指示精神,结合自身实际,实地调研帮扶县,将自身

[①] 《习近平扶贫新论断:扶贫先扶志、扶贫必扶智和精准扶贫》,人民网,http://politics.people.com.cn/n1/2016/0103/c1001-28006150.html。

[②] 《习近平:让贫困地区的孩子们接受良好教育,是扶贫开发的重要任务》,国务院扶贫办,http://www.cpad.gov.cn/art/2015/9/10/art_624_24133.html。

优势与贫困县的实际结合起来，结对帮扶工作取得积极进展。国有企业在开展园区共建、强化公共服务、推进教育培训、促进就业增收、推动城镇开发等重点帮扶任务上深化落实，确保结对帮扶取得实实在在成效，为扶贫攻坚、同步小康做出新的更大贡献。自贵州省国有企业实施脱贫攻坚工作以来，对贫困县的帮扶力量大，促进贫困县经济社会巨大变化。在帮扶过程中，贵州省国有企业不仅重视产业扶贫，基础设施的建设，还高度重视贫困群众的智力扶持，认真贯彻实践习近平主席"扶贫先扶智"的思想，增强贫困群众的生存技能。

一 贵州省国有企业"扶贫先扶智"措施

1. 贵州省国有企业雪中送炭，打造智力扶持的知名公益品牌，长期大力支持寒门学子

2015年2月14日，习近平总书记到陕西延安杨家岭福州希望小学视察时，对师生说，"不能让孩子们输在起跑线上。帮助寒门学子上大学，就是最好的事业人生助跑器"。每年高考过后，贫困家庭的孩子无法享受蟾宫折桂的喜悦，反而是如何凑足学费的阴影笼罩全家老小。贵州省国有企业严格践行精准扶贫战略，精准把握贫困大学生面临的困难，精准把握他们的问题所在，精准提出解决问题的方案，伸出援助之手，帮助贫困大学生解决入学的经济困难，不让普通家庭学子因贫穷而辍学，不因上大学而致贫。茅台集团的"国酒茅台·国之栋梁——希望工程圆梦行动"和"习酒·我的大学"已经是全国知名的公益品牌，是国有企业扶贫先扶智

的典范。

2012年,茅台集团携手希望工程发起了"国酒茅台·国之栋梁——希望工程圆梦行动",茅台集团每年出资人民币1亿元,在全国范围内帮助贫困学子圆梦大学,对2万名大学新生进行资助,奠定他们成长成才的基础。茅台集团每年投入资金1亿元,分配名额为贵州省和省外各一半,每人资助5000元,一年在全国范围内资助2万名家庭贫困但是品学兼优的学生,通过资助的方式圆梦寒门学子的大学梦,不让他们因贫困而失学。2017年,茅台集团"国酒茅台·国之栋梁——2017希望工程圆梦行动大型公益助学活动"升级换挡,启动了脱贫攻坚三年公益计划。6月15日"国酒茅台·国之栋梁"圆梦行动脱贫攻坚三年公益计划新闻发布会在西柏坡举行。根据该公益计划安排,未来三年,茅台集团将每年捐赠1亿元,共捐资3亿元资助6万名贫困学子圆梦大学,提供3000多个实习岗位、300个就业机会以及帮助微创业。从2012年起至今,连续6年开展"国酒茅台·国之栋梁"大型公益助学活动,累计捐资6.14亿元,共帮助全国12.28万名贫困学生圆梦大学。同时,茅台公益助学走向国际,踏足非洲,在尚无项目投资的莫桑比克捐资300万元人民币为当地小学新建教室和办公室。此外,集团各子公司、各党支部开展了形式多样的捐资助学活动。茅台集团的"国酒茅台·国之栋梁——希望工程圆梦行动"资助极为严格,必须经过层层把关,把资助活动放在阳光下进行,保证全程的公平和正义。

"习酒·我的大学"这一公益品牌始创于2006年,当时茅台集团(习酒公司)捐赠10万元,用于资助贵州考上二本而家庭贫穷但是成绩优异且品行端正的子弟学费。自2006年起,茅台集团

（习酒公司）一直持续支持公益助学，主动履行企业社会责任，不断增加捐资数额和扩大资助的范围。茅台集团（习酒公司）号召自己经销商、供应商、公司员工和与自己有关联的爱心人士，为全国贫困学子捐资。到2017年底，"习酒·我的大学"大型主题公益助学活动，已在习酒连续开展11年，累计出资9000余万元，帮助2万余名贫困大学生圆了大学梦。资助范围涉及25省（区、市）。"习酒·我的大学"已经由专门资助贵州省内贫困学子的地方公益品牌成为中国知名的助学公益品牌。2014年，中国青少年发展基金会颁发给茅台集团（习酒公司）"希望工程贡献奖"，是对这一公益品牌的高度肯定和赞扬。家庭条件贫困且无力支付高昂学费的学子，品学兼优、在校期间无不良记录、单亲家庭、残疾、父母患有重大疾病、家庭发生重大变故、精准贫困户等情况，高考毕业并成功获得二本及以上大学录取的应届高中毕业生（原则上有当地政府建档立卡的困难家庭优先），在公司网站填写"习酒·我的大学"奖学金申请表，并提供录取通知书原件及复印件、获奖证明、居委会/村委会贫困证明、社会实践证明、当地文理科高考分数排名等资料。茅台集团（习酒公司）市场负责人与当地团委或合作公益机构组织人员进行考察后，当地团委公示资助名单。最后贵州省青基会确定资助名单。无异议后再发放5000元的助学金。

2. 授人以渔，资助贫困学生学习脱贫技能

贫困家庭的贫穷主要原因在于生存技能的短缺。贵州省国有企业为了增强贫困地区群众的自我发展能力，千方百计帮助当地贫困群众增强生存技能，有效推进精准脱贫工作进行。

瓮福集团确定以"就业一人、脱贫一户"为目标在榕江开展教育

扶贫工作，即瓮福资助榕江县农村贫困家庭18岁以下应、往届初中毕业生进行为期三年的中职教育，取得中专文凭，获得专业技能证书，面向社会就业，实现家庭脱贫。瓮福与贵州工业职业技术学院合作，学校按"通用性强、市场需求大、就业率高"的原则向瓮福建议选择机电一体化和电气自动化两个专业开办"瓮福榕江"冠名班。学生入学后，学校将择优进行师资配备，有针对性地结合学生特点制订教学方案。

开磷集团还将投入7000万元，连续5年面向关岭自治县招收1100名高中毕业贫困学生到开磷与贵阳职业技术学院联办的高职院校开磷化工学院就读，并对这些贫困学生免学费、免住宿费、免伙食费，毕业后包在开磷就业，促进贫困家庭脱贫。

茅台集团寒暑假期间向资助的贫困学生提供实习岗位，让他们参加销售市场的铺市、销售、推广、广宣、促销、品质鉴定等相关的社会实践活动，为贫困学生了解社会、提升能力之际，还予以一定的经济补贴。茅台集团协调集团各子公司、经销商，每年为贫困学生提供多个实习岗位。贫困学生毕业后，茅台集团还负责推进部分学生到集团子公司、销售部门就业，通过就业改变家庭的贫困状况。

3. 帮助贫困地区增强党组织建设脱贫攻坚战的战斗力，派出第一书记带动当地贫困群众一起奔小康

贵州很多贫困地区，都存在基层党组织弱化、软化和空心化的现象。为了改变当地基层党组织没有能力带动当地贫困群众奔小康的状态，贵州省国有企业选派企业销售和管理的精兵强将，派驻贫困村担任第一书记。"火车跑得快，全靠车头带"，为充分发挥第

一书记的"火车头""排头兵"作用,任期满后,贵州省国有企业派遣思路活跃、素质过硬的干部同志赴贫困县担任"第一书记",实现帮扶无缝连接。在贫困县形成"工作队+驻村第一书记+农技专家"智囊团,第一书记的到来,不仅改变了当地基层组织软弱涣散的状态,手把手教会基层组织人员如何搞好党务工作,如何带动贫困群众脱贫,还手把手教会当地群众怎样发展产业,怎样销售产品。贵州省国有企业派驻第一书记,对贫困村基层党组织和贫困群众在智力帮扶方面发挥了很大作用。

茅台集团60个党支部全部帮扶道真县48个贫困村。对道真县贫困村党支部和村民进行全方位的帮扶,召集党员、群众、种植养殖能人和贫困户代表进行集中培训,培训从增强党组织脱贫攻坚战斗力入手,寻找实现脱贫攻坚的办法。60个基层党支部员工从物质上支持当地贫困群众种植经济作物,改变过去单一的种植结构,邀请技术专家和销售专家对他们进行技术辅导,奠定了贫困群众技术基础,增强他们战胜贫困的信心,提升了他们增产增收的能力。60个党支部书记在结对帮扶过程中,不仅为贫困群众提供技术、资金和物质的支持,还积极用通俗易懂的语言向他们宣讲国家的相关惠农政策,让他们知晓国家政策,便于积极利用政策的帮扶实现早日脱贫。党的十九大召开后,茅台集团帮扶工作队的队员们也第一时间担负起十九大精神宣讲工作,在工作和帮扶走访中积极向广大群众宣讲党的十九大精神和相关扶贫政策,让群众充分了解党的政策,感受党的温暖,进一步坚定脱贫信心,群策群力,因地制宜,奋起直追,感恩奋进,坚决打赢脱贫攻坚战。

开磷集团扶贫干部深入关岭县投身大扶贫战略中，以村为家、以民为亲、沉下身子、立足民情，真抓实干投入帮扶工作当中。通过加强扶贫村党的建设、解决贫困群众困难、发展特色产业，引导农户以经济建设为主导，探索出一条基层党组织建设与村级经济发展有机融合的新路子。进一步加大扶贫力度，并积极开展项目基金扶贫、"三良"扶贫、教育扶贫、电商扶贫等工作。作为支农型企业，开磷集团始终将"支持农业发展、支援农村建设、帮助农民致富"作为企业的责任，借鉴息烽"三良"扶贫工作中取得的成功经验，开磷集团在关岭县实施"三良"扶贫，即向农民送"良肥"、帮农民选"良种"、为农民传"良法"。在驻村入户调查摸底、掌握第一手资料的基础上，根据关岭区域自然条件和农业产业优势情况，开磷集团向关岭县各个贫困村免费提供优质肥料，并与县政府农技部门共同推广科学种植，改变当地农村落后的农业种植观念。开磷"三良"扶贫深得贫困农户的喜爱，开磷不仅教会了他们怎样科学种植、科学用肥，更让他们尝到了丰收的喜悦。让老百姓在科学扶贫上尝到甜头，相信科学。

4. 高度重视对基础教育和社会教育的投入

教育是百年之本，更是发展之基。贵州国有企业紧紧抓住发展教育是扶贫先扶智的关键，将扶贫与支持教育事业有机地结合在一起，斩断贫困代际传递之路。2017年贵州银行为全省"普十五"教育项目发放贷款84.6亿元，帮助贫困地区改善教育环境、巩固教育基础。雷山县的大塘镇是贵州银行的帮扶点，当地勤劳的老百姓都希望过上幸福生活，但是因为文化水平较低，脱贫技能教育培训欠缺。解决当地贫困落后的面貌，切断贫穷代际传递的关键必须从教育方面下苦功夫。通过实地调研，贵州银行把扶贫的资源集中于当地大塘小学，直接予以大塘小学2000万元的扶贫贷款，改变学校在贫困状态下恶劣的办学条件。资金到位后，大塘小学很快启动基础设施建设，改善了校园环境，配齐了教学设施，采购了先进的网络资源，全校1528名学生可以享受到外面发达地区的优质教育。通过基础教育的投入，使得贫困学生具备相应的知识技能，为他们以后战胜贫困奠定良好的教育基础。

扶贫先扶智，持续提升"造血"能力。贵州电网公司还扎实推进教育培训精准扶贫工作，通过提供电工、致富带头人等各类技能培训，让贫困群众掌握脱贫致富的本领，让扶贫真正从"输血"变为"造血"，帮助实现一人就业，全家脱贫。贵州电网公司继续做大农特产品产业规模，组建合作社，通过产业帮扶资金股权化形式，不断激发贫困户脱贫致富的内生动力，形成长期持续造血功能。在扩大产业的基础上，建设"黔电菜园"实体平台，搭建该公司定点帮扶地区系列农特产品产、供、销一体化销售平台，帮助贫困户增收脱贫。积极与相关监管部门联动，确保食品卫生安全，形成可持续、市场化特色农产品销售服务模式。

贵州农信社加强对贫困地区群众技能的培训，通过继续教育赋予他们战胜贫困的技能。贵州农信社利用闲暇时段推出"金融夜校"大课堂，举办了20万场次，培训人数达600万人次，实现了全省覆盖。邀请专家向贫困群众传授金融方面的基础知识和金融政策，激发贫困群众的金融意识、发展意识和市场意识，增强他们战胜贫困的信心。后来"金融夜校"大课堂进一步升级，邀请致富能手和专业人士对贫困群众传授生产技能和经营意识，通过鲜活的案例和手把手指导，促使贫困群众从"要我富"到"我要富"的转变。

二 贵州省国有企业"扶贫先扶智"经验

扶贫先扶智，贫困的主要原因在于技能短缺，短缺的根源在智力帮扶不足。贵州省国有企业地处扶贫攻坚的主战场，在帮扶贫困群众的实践过程中，充分认识到扶贫先扶智的重要性，大力支持与教育相关的事业，脱贫攻坚工作取得很大的进展，形成了具有可复制、可推广的经验。

1. 对寒门弟子求学的支持，可以带动贫困地区学生努力学习的社会风尚

教育扶贫是阻断贫穷代际传递的重要抓手，是战胜贫困的最佳途径。因此，让贫困地区的孩子们接受良好教育是扶贫开发的最重要任务。贵州省国有企业每年都拿出大量的资金支持家庭贫困但是品学兼优的学生继续深造，这不仅帮助贫困学生圆梦大学，改变命运，也有可能改变他们家庭的贫困状态。贫困学生继续求学，可以营造所处环境的贫困学生继续努力学习的社会氛围。很多学生由于家庭的贫困，即使是品学兼优，也对自己的未来迷茫，认为自己即使努力学习，考上了大学，家里也无法支持自己继续深造。为了不给家里增加负担，还处于大好求学时期就外出打工。贵州国有企业大力支持贫寒学子，可以改变贫穷也可以上大学，可以改变自己和家庭命运的传统看法。贫困家庭学生通过大学的深造，可以实现家庭脱贫，斩

断贫穷代际传递之根。

2. 重视贫困群众的能力教育，赋予他们自我脱贫的能力，增强他们战胜贫困的信心

贫困群众的贫困主要是能力的贫困。贵州省国有企业通过让贫困学生到职业技术学校学习，对贫困群众传授生产技术，对贫困支部传授支部管理经验。通过这些措施，增强贫困群众致富的能力，树立他们战胜贫困的信心。通过技能的提高，增强他们战胜贫困的能力。

3. 国有企业智力帮扶工作队伍能力强

贵州省国有企业在帮扶过程中，克服一切困难，迅速转变观念和工作方式，认真掌握国家法律法规和扶贫领域相关知识，积极与各级部门联络，进行信息交流和沟通，善于争取当地政府部门对企业智力帮扶工作的重视和支持。智力帮扶过程中，充分依靠地方各级领导和贫困地区基层党组织，在推动贫困群众劳动技能增长、带动群众精准脱贫上发挥着关键作用。通过帮扶，企业干部队伍对农村进一步了解，实践能力进一步提高。

4. 贵州省国有企业对智力扶贫重视程度显著加强，投入力度大

贵州省国有企业认真落实中央和省委省政府关于扶贫工作的决策部署，充分认识到智力扶贫对于脱贫攻坚的特殊重大意义和紧迫要求，讲政治、讲大局，在扶贫工作中对智力扶贫的重视程度不断加强。绝大多数贵州省国有企业对贫困地区群众的帮扶有对学生学费的支持、有对贫困群众生产技能的培训、有对教育设施的改善等，扶持的力度不断加大，通过智力扶持，使得贫困地区群众生产技能增长，脱贫效果明显。

三 贵州省国有企业"扶贫先扶智"存在的问题

1. 贵州省国有企业智力扶贫常态化力度不足

部分国有企业认为,自己对贫困地区的智力帮扶是政治责任,没有把贫困地区群众的发展与本企业的发展有机结合起来,没有制定智力帮扶的规划,把智力扶贫当作慈善来做。贵州省国有企业对贫困地区智力帮扶的常态化力度不足,除了"国酒茅台·国之栋梁"和"习酒·我的大学"之外,国有企业尚未建立企业智力帮扶的机构,对贫困地区群众的智力帮扶应起的效果没有得到发挥。

2. 贵州省国有企业智力帮扶信息沟通闭塞,没有建立智力扶贫的数据库

贵州省国有企业智力帮扶基本上是各自为政,没有与扶贫部门、民政部门和贫困县进行有机结合,进行相关数据共享,而是各自为政。国有企业进行智力帮扶基础数据缺乏,无法对智力帮扶进行相应的评估和判断。贫困地区群众对国有企业的智力帮扶无法了解,彼此缺乏了解,无法做到帮扶基准"滴灌"。贵州省国有企业的智力帮扶没有把智力帮扶与贵州发展蒸蒸日上的大数据有机结合起来,无法体现效力和效果。

3. 贵州省国有企业智力帮扶的资金稳定性不强

除了贵州茅台集团和茅台集团(习酒公司)之外,贵州省的国有企业智力帮扶缺乏稳定性,随意性很大。企业每年的智力帮扶资金取决于当年的效益和社会环境,导致国有企业每年的智力帮扶资金随意性很强,有的国有企业近年投入后每年就不投入的现象较

多，缺乏固定机制对其规范化和持续发展。

4. 国有企业智力帮扶成效的氛围营造不浓

贵州省国有企业对贫困群众的智力帮扶是一种相对见效慢的工作，需要长期的资金和人力的投入，需要各级政府和群众耐心等待和大力支持。目前，贵州对国有企业智力帮扶的氛围较为平淡，对于企业大项目大工程的投入比较欢迎，媒体宣传也很频繁，但是对于捐资助学、对教育的投入、对农民生存技能的提高，还是比较平淡，对促进企业智力帮扶积极性的氛围有待加强。

四 对策建议

1. 建立和完善贵州省国有企业对贫困地区智力扶持的制度建设

贵州省委省政府应从省级层面制定国有企业对贫困地区智力扶持的相关制度，构建企业智力扶持的进入机制和监督约束机制，对潜在的社会风险进行评估，便于规避。鼓励国有企业不断对帮扶地区贫困群众智力资源的挖掘和帮扶，对智力帮扶效果好的企业予以政策激励、知名度的宣传和经验推广。完善相关职能部门、贫困地区群众和第三方共同参与监督和效益评估机制，最大限度发挥国有企业智力帮扶的作用。依靠政策的支持和精神激励，对智力扶持好的企业发展予以政策方面的倾斜和鼓励，并在经验推广和社会宣传方面予以优先考虑。

2. 搭建格局多样化的贵州省国有企业智力扶持信息交流平台

以省、国有企业和帮扶贫困地为基础，搭建多样化的智力扶持信息平台，让更多的帮扶信息得到传达，吸引社会各界加入智力帮扶工作中来。充分发挥省级信息交流平台的引领功能，加强对国家相关政策、国有企业资源优势和深度贫困地区对智力帮扶需求的介绍，撮合贫困地区与国有企业的结对帮扶。县级政府提供本地区智力帮扶对象的需求详细情况、本地区经济社会发展情况、智力扶持对企业发展和当地社会发展情况的介绍，便于国有企业对情况的了解，能够结合实际制订智力帮扶方案。企业把自己智力帮扶的意向和资源在信息平台上展示，让社会对其帮扶规模和对象清楚。通过信息交流平台，使得智力帮扶的信息一目了然，有效推进帮扶的进程。

3. 探索建立贵州省国有企业智力扶持资金使用最大效益的途径

智力扶持是时间最长，投资大，见效最慢但又是阻断贫困代际传递的最佳方式，因此，对国有企业智力扶持的资金进行有效整合，发挥资金的最大效用是很有必要的。对于智力扶持的资金，要多向贫困连片地区和少数民族地区倾斜。使用过程中改变过去直接输血式的输入，把资金托付给社会信誉好、有相关扶贫经验的第三方进行管理，使得资金的使用具有很好的规范性，发挥资金使用的最大效能。与此同时，须与相关部门联合制定相应的监管制度，不定期对资金的去向、受益群体、具体用途和社会效益进行审计，保障资金管理和使用都在阳光下进行。

4. 省委、省政府加强对贵州省国有企业参与智力扶持工作的宏观指导

贵州省国有企业主动参与到智力扶持工作中来，对接和帮扶贫困县，体现了国有企业的担当。但是因为企业的主要任务是生产、销售和服务市场，对治理扶贫政策和形势的了解存在专业差距，即使投入大量的财力和物力，可能实施效果不尽如人意。因此，省委

省政府应该加强国有企业智力帮扶政策和形势的宣传，便于国有企业进一步开展工作，产生更大的效果。建议贵州省国有企业主管部门省国资委编制国有企业智力扶贫指导手册、贵州省国有企业智力扶贫蓝皮书、贵州省智力扶贫区域指南，全方予以相关情况介绍。

5. 积极营造国有企业智力扶贫的社会氛围

智力扶贫可以让贫困地区最快脱贫，同时也可以防止返贫现象的出现，因此，省委省政府可以号召更多的企业进行智力帮扶，加大对国有企业智力帮扶的宣传，尤其是宣传国有企业智力帮扶后的成效，及时进行总结并且予以激励，对好的做法进行推广，对先进个人予以表彰，加大各种媒体宣传的力度，营造国有企业智力帮扶的浓郁社会氛围，让更多的企业和社会团体参与到智力帮扶工作中来，加快中国的扶贫方式由输血式扶贫向造血式扶贫转变，加快贫困地区脱贫的速度。

参考文献

唐任伍：《习近平精准扶贫思想研究》，《人民论坛·学术前沿》2017年第12期。

袁自煌：《建设教育强国的根本遵循》，《中国高等教育》2017年第10期。

崔论之：《大扶贫格局下企业扶贫的理论和实践研究》，四川省社会科学院硕士学位论文，2015。

贵州茅台集团宣传部：《从道真看贵州茅台的民生工程》，《理论与当代》2016年第9期。

大事记
Memorabilia

B.13

2017年贵州省国有企业社会责任大事记

贾梦嫣

1月11日 全省经济和信息化工作会议在贵阳召开。会议提出2017年贵州工业发展"六大目标":规模以上工业增加值完成4300亿元以上,增长10%左右;工业投资完成3450亿元;培育新增入规工业企业600户;民营经济增加值达到6800亿元左右;单位工业增加值能耗同比下降4%;工业固体废物综合利用率达到62%左右。

1月14日 贵州省通用航空产业发展研讨会召开。贵州省经信委、省旅发委、省体育局、中航工业贵航、中航工业规划、中航工业文化爱飞客文化传播公司等有关单位的领导参加会议并做交流研讨。

1月19日 由贵州产业投资基金管理有限公司、贵州产业投资（集团）有限责任公司和中央企业贫困地区产业投资基金股份有限公司共同发起设立的中央企业贫困地区（贵州）产业投资基金合伙企业（有限合伙）首期资金5亿元全部实缴到位，并已投向贵州产投文化旅游投资有限责任公司，定向用于从江大加榜国际山地旅游区产业扶贫项目。这标志着央企扶贫基金在全国范围内的第一只子基金成功落地，在央企扶贫基金目前正在筹建运作的子基金中，贵州央企扶贫基金也是规模最大的一只。

1月24日 贵州省经信委印发《2017年贵州省智能制造专项行动计划》，提出全面实施"贵州智造2017"，加快推进企业"数字化、网络化、智能化"转型，统筹推进全省智能制造加快发展。行动计划按照政府引导、企业主体、示范引领、重点突破的原则，明确提出在装备制造、电子、医药、化工、新材料等重点领域，围绕"千企改造"，积极开展智能工厂和数字化车间试点，着力打造一批智能制造示范基地和标杆企业，打造智能制造生态体系等任务目标。

1月24日 贵州省国资委监管企业及市（州）国资监管机构负责人会议在贵阳召开。时任省委、省政府主要领导做重要批示。会议总结了2016年全省国企国资工作，并提出，2017年要坚持以提高发展质量和效益为中心，以推进供给侧结构性改革为主线，全力抓好2017年国有企业改革发展重点任务，着力履行社会责任，实现安全和谐可持续发展，抓好脱贫攻坚，做好12户系统企业结对帮扶12个贫困县、"千企帮千村"工作，实现脱贫攻坚国企全覆盖。

2月1日 西南能矿集团股份有限公司颁布的《固体矿产绿色勘查技术标准》《煤层气绿色勘查技术标准》《固体矿产绿色勘查项目预算标准》《绿色勘查项目管理暂行办法》四个企业标准和规范性制度正式实施，以保障西南能矿集团股份有限公司地质勘查项目在绿色勘查过程中有据可依、有规可循。

2月7日 贵州省经信委组织各市（州）经信主管部门、贵阳市生态委等单位召开会议，专题布置全省钢铁行业去产能有关工作。

2月14日 《关于开展贵州省工业企业"行业领跑者"行动的通知》印发，贵州省工业企业"行业领跑者"行动正式启动。"行动"按照企业主体、政府帮扶、创新驱动、高效优质、重点突破、高端发展的原则，紧紧围绕推进供给侧结构性改革为主线，采取"抓大放小、重点突破、扶优扶强、立足创新"的工作方针，重点支持一批在产业细分领域中已具备较强竞争优势、位列行业或细分领域第一梯队的龙头企业。

2月16日 《贵州省企业技术中心认定管理办法》印发，以此强化企业技术创新主体地位，引导和支持企业增强技术创新能力，健全技术创新市场导向机制，规范企业技术中心管理。

2月23日 "2016年度贵州国资委系统企业十大新闻评选结果发布会"在贵阳举行。最终评选出省国资委12户系统企业助力大扶贫战略、中央企业助力国家大数据贵州综合试验区建设、茅台名列"全球烈酒品牌价值50强"首位、建工深改进行时等十大新闻。

2月28日 贵州开磷控股（集团）有限责任公司与贵州省农村信用社签订战略合作协议，旨在提升双方服务"三农"能力和水平，为贵州省农业发展和大扶贫战略做出贡献。

3月2日 从江加榜百里梯田旅游产业扶贫项目正式启动。贵州产业投资（集团）有限责任公司投资建设从江加榜百里梯田山地国际旅游区项目，以"生态保育、道法自然、天人合一"为核心，以创建国家全域旅游示范区、国家生态旅游示范区为目标，着力打造国际民族文化、山地旅游目的地，构建国际山地旅游的新标杆。本次活动中还成立了全国近30家知名企业组成的旅游产业扶贫联盟。

3月2日 贵州旅游投资控股（集团）有限责任公司与长顺县政府"旅游+扶贫"发展座谈会在贵阳召开。双方就共同发展长顺县旅游发展，助推当地扶贫攻坚工作达成合作意向。

3月2日 贵州省物资集团有限责任公司与首钢贵阳特殊钢有限责任公司在扎佐签署《"城市矿产"示范基地合作框架协议书》，贵州地方国企与中央在黔企业发挥各自优势，强强联合，携手迈向循环经济产业新领域。

3月3日 贵州省国资委监管企业安全生产工作紧急会议在贵阳召开，会议总结了2016年监管企业安全生产工作情况，部署了2017年安全生产工作。

3月7日 由贵州旅游投资控股（集团）有限责任公司旗下贵

州贵旅文化旅游产业经营管理有限公司（贵旅创投筹备组）牵头，贵州中科旅游股份有限公司、贵州乾坤文化旅游发展有限公司、贵州贵达律师事务所共四家单位共同组建的"贵州旅游扶贫战略联盟"成立。

3月20~21日 全省国有企业脱贫攻坚对口帮扶观摩暨春季攻势现场会召开，会议进一步明确18户国有企业助推17个重点贫困县全面脱贫的工作目标和重点任务，对国有企业抓好脱贫攻坚春季攻势进行强调部署，确保实现2017年国有企业结对帮扶重点贫困县工作再战告捷。

3月29日 瓮福（集团）有限责任公司承担的省重点技术创新项目"液膜法萃余酸脱镁及净化新工艺中试研究"通过验收。

3月24日 七冶建设集团有限责任公司雷山县大塘镇精准扶贫项目签约仪式在大塘镇扶贫攻坚指挥部举行。

3月31日 由贵州钢绳股份有限公司承担的国家科技支撑计划课题"海洋用绳制造关键技术及装备研发与应用"通过验收。"海洋用绳制造关键技术及装备研发与应用"是国家科技支撑计划项目"船体建造关键技术及工艺装备研制"的子课题。"船体建造关键技术及工艺装备研制"总课题由中国船舶重工集团公司组织实施，项目于2014年8月获国家科技部批准立项，起止时间为2014年1月至2016年12月。

4月24日 云南瓮福云天化氟化工科技有限公司年产3万吨无水氟化氢项目奠基仪式于云南昆明举行。该项目是贵州瓮福蓝天氟化工股份有限公司在贵州、福建、湖北三套成熟工业装置之后的第四套工业化装置，建成后将是全球最大的单套氟硅酸制取无水氟化氢工业装置，对加快磷化工企业转型升级发展步伐，推动行业技术进步与可持续发展，促进产业向环境友好型、循环经济型演化具有积极意义。

4月14日 由贵州省经信委与荷兰驻广州总领事馆联合举办的中国·荷兰循环经济和固废资源综合利用研讨会在贵阳召开。

5月2日 中央第七环境保护督察组成员、环保部西南督察中心赴有关单位就履行生态环境保护职责情况进行走访询问。

5月23日 水城钢铁（集团）工贸有限责任公司和贵州高速公路集团有限公司等单位联合承担的省重大科技项目《高性能钢筋产业化及在高墩大跨径桥梁中的示范应用》通过验收。通过项目实施，为贵州省搭建产学研联合和技术创新团队建设提供了成功的经验，提高了贵州省冶金行业科技创新能力和桥梁建设水平，加快了科技成果的转化，培育了具有竞争优势的产业链，实现了冶金和桥梁建设产业的跨越式发展和可持续发展。

5月23日 贵州省经信委、省国资委、省人社厅、省商务厅、省环保厅、省质监局、省工商局、省安监局、省食药监局、省国税局、省地税局、省总工会、中国证监会贵州监管局、省工商联、省工业与知识经济联合会联合发布《贵州省促进企业履行社会责任指导意见》，并在贵州省企业中全面实施。指导意见结合贵州省实际，确立贵州企业履责的主要内容，为企业履行社会责任提供系统、全面指导。

6月11日 由贵州省组织、贵州钢绳股份有限公司主导申报的《通用钢丝绳技术条件》标准获得国际标准化组织钢丝绳技术委员会（ISO/TC105）立项，这是贵州省申报并获得通过的首个国际标准提案，实现了贵州省参与国际标准化工作的重大突破，也是中国钢丝绳制造企业在国际标准化组织钢丝绳技术委员会（ISO/TC105）获得的首个国际标准立项。6月，由贵州钢绳股份有限公司主导修订的ISO2408：2017《钢丝绳—要求》国际标准正式出版发行。

6月13日 西南能矿集团股份有限公司发布《绿色勘查宣言》。从矿产勘查的前端出发，运用绿色理念指导地质勘查工作。在矿产资源勘查中倡导绿色勘查，包括树立矿产资源整装勘查理念、开展综合勘查与评价、重视矿床开采技术条件研究和注意对勘查区生态环境保护。

7月10日 贵州省环保厅发布2017年首批环境保护失信黑名单，名单包含319个失信主体（含企业、个人）。中铁十二局集团第二工程有限公司、中铁建大桥工程局集团第二工程有限公司、贵阳高科控股集团有限公司等多家国有企业上榜。

8月6日、7日 全省深度贫困地区脱贫攻坚工作推进大会在贵阳召开，时任贵州省委、省政府主要领导出席会议并讲话。会议要求深入学习贯彻习近平总书记系列重要讲话精神和治国理政新理念新思想新战略，全面落实习近平总书记在深度贫困地区脱贫攻坚座谈会上的重要讲话要求，牢固树立"四个意识"，切实担起政治责任，落实基本方略，转变工作作风，实干、苦干、加油干，坚决打赢深度贫困地区脱贫攻坚这场硬仗。

8月10~11日 西南能矿集团股份有限公司2017年绿色勘查现场交流会在松桃县大路镇大路锰矿召开。

8月15日 首钢贵阳特殊钢有限责任公司举行2017年金秋助

学暨学子箱颁发仪式,为59名考取大学的职工子女颁发学子箱。

8月17日 "2017贵州省社会责任报告发布会暨CSR茅台论坛"在茅台举行,会议以"绿色发展精准扶贫坚守底线责任担当"为主题,旨在积极引导全省企业更好履行社会责任、增强市场竞争能力、树立良好社会形象,扎实推进贵州省企业社会责任的实施进程。

8月17日 贵州产业投资(集团)有限责任公司举行2017年度扶贫助学金发放仪式暨学生见面会,为10名学生发放了助学金。自2016年贵州产投扶贫助学公益基金发起以来,仅贵州产业投资(集团)有限责任公司员工捐助的扶贫助学捐款就达62万元。

8月22日 由新华社打造的"民族品牌传播工程"走进茅台,对贵州茅台酒股份有限公司品牌建设工作进行专题报道。

8月28日 毕节市纳雍县发生严重山体崩塌灾害,贵州詹阳动力重工有限公司詹阳重工紧急组织应急救援分队,奔赴纳雍抢险救灾。

9月7日 中国水利水电第九工程局有限公司赴贵州省锦屏县开展帮扶活动,分别向河口乡瑶光村和韶霭村捐赠扶贫资金5万元,用于两村的产业发展和精准项目的实施,并向大学生发放助学金。

9月11日 中央网信办拍摄组走进茅台,拍摄"喜迎十九大,文脉颂中华"系列"非遗"传承纪实影片。

9月19~26日 国务院安委会第二综合督查组分别到瓮福磷矿穿岩洞矿、贵州盘江投资控股(集团)有限公司等单位进行安全生产大检查综合督查。

9月20日 由民革中央、贵州省政协、云南省政协、四川省政协联合主办的"中国赤水河流域保护治理发展协作推进会"在茅台召开。会议以"生态共享、发展共赢"为主题，来自环保部、中国社科院、中国生态经济学会等机构的专家学者和昭通、毕节、泸州、遵义4个流域市的政府负责人发表了主题演讲，围绕共同推进赤水河流域生态保护、环境治理和生态经济发展，共同创建赤水河生态经济发展示范区，探索跨区域流域生态经济建设协调发展新路等提出意见建议。

9月25日 瓮福（集团）有限责任公司榕江扶贫工作队会同榕江县人民政府相关负责人，与贵州省蔬菜产业发展协会专家进行座谈。三方就发挥民族地区特色文化优势，因地制宜有效整合资源，利用好榕江县车江大坝良好农业生产条件，提高土地综合利用效益，助推榕江扶贫工作进行讨论并达成意向。

10月9日 贵州茅台酒股份有限公司举行《品牌管理办法》发布会暨宣贯会，宣布对集团旗下子公司品牌运营提出更为严格的管理规范，涉及产品审批、品牌使用许可、广告宣传、首席质量官设立等新规则。

10月16日 贵州省工会绿色增效劳动竞赛现场推进会在瓮福（集团）有限责任公司举行。

10月19日 西南能矿集团股份有限公司发行全国首只产业扶贫中期票据，金额4亿元，期限三年，由中国建设银行贵州分行独立主承销。本期产业扶贫中期票据是中国银行间市场交易商协会推行扶贫票据产品以来，全国首单募集资金用于贫困地区实体企业项目建设中期票据。

10月20日 中国国际广告节2017中国公益广告黄河奖颁奖典礼在创谷·长沙（国家）广告产业园举行，贵州茅台酒股份有限公司获钻石级战略合作伙伴奖。

11月9日 由国家安全生产监督管理总局主办、盘江总医院协办的"2017年全国矿山医疗救护工作会议"在贵州盘江投资控股（集团）有限公司举行，来自全国各省级矿山医疗救护分中心的50余名代表参会。

11月11日 中国第十八届国产高浓度磷复肥产销会在湖北省武汉市开幕。贵州开磷控股（集团）有限责任公司、瓮福（集团）有限责任公司等企业应邀参展。

11月24日 环保部西南督察局召开西南地区重点企业环境保护工作座谈会在贵阳召开。贵州开磷控股（集团）有限责任公司、国电贵州电力公司、贵州茅台酒股份有限公司等企业参会。

11月24日 "中国化肥供给侧结构性改革蓝皮书"在北京发布，贵州开磷控股（集团）有限责任公司列入化肥供给侧结构性改革蓝皮书典型样本。

11月25日 由工信部华信研究院、《经济观察报》、《品质》栏目联合主办的"第三届中国制造2025高峰论坛"在北京落幕，贵州开磷控股（集团）有限责任公司获"第三届中国制造2025高峰论坛暨2017中国制造年度颁奖盛典冠军企业奖"。

11月28日 由《经济观察报》主办的2016～2017年度"中国最受尊敬企业年会"在北京举行，贵州茅台酒股份有限公司入围"中国最受尊敬企业"名单。

12月1日 贵州省技术创新体系建设培育工作会在铜仁召开，

贵阳、遵义、铜仁等七个市（州）及贵安新区经信主管部门、省技术创新服务中心、2017年新认定省级企业技术中心、技术创新示范企业及部分培育企业负责人120余人参加会议。

12月6日 由新华网主办的2017中国社会责任公益盛典在北京举行，贵州茅台酒股份有限公司荣获"企业社会责任特别贡献奖"称号。

12月7日 贵州钢绳股份有限公司研制的"一种超大直径缆式钢丝绳"（即世界最大直径264mm钢丝绳）和"一种镀液添加方法及装置"两项科技创新成果获得发明专利授权，"一种超大直径缆式钢丝绳"是贵绳集团为了验证主导修订的ISO 2408：2017《钢丝绳—要求》国际标准参数的合理性和钢丝绳生产能力而专门研制生产的新产品，解决了目前国内260mm以上超大直径钢丝绳生产的技术难题，填补了国内空白。

12月7日 由上海克硫环保科技股份有限公司、煤炭科技研究有限公司、山西新华化工有限公司等9家公司联合发起成立的中国活性焦/脱硫脱硝活性炭及干法烟气净化产业联盟2017年会议在瓮福（集团）有限责任公司大厦召开。会议探讨并通过了《中国活性焦/脱硫脱硝活性炭及干法烟气净化产业联盟》章程（草案），为探索建立创新产业链联盟奠定基础。

12月8日 2017国际创新创业博览会在北京开幕。被行内专家评为国际先进的瓮福湿法磷酸净化新技术等7项创新创业成果亮相创博会。

12月22日 由新华网主办、中国环境科学学会协办的"第四届中国绿色发展与生态建设峰会"在北京举行，贵州开磷控股（集团）有限责任公司获评 2017 中国最具影响力绿色企业品牌，成为贵州唯一获此荣誉的化工企业。

12月14日 国家工业和信息化部、中国工业经济联合会公布"第二批制造业单项冠军企业和单项冠军产品名单"，贵州钢绳股份有限公司以主营产品钢丝绳入选制造业单项冠军企业名单。全国第二批制造业单项冠军示范企业共有 71 家，贵州钢绳是贵州省第一家获得制造业单项冠军的企业。

12月14日 "贵州省工业品牌培育示范企业"评审工作落下帷幕。瓮福（集团）有限责任公司、贵州开磷集团股份有限公司、首钢水城钢铁（集团）有限责任公司等 9 家企业被评为 2017 年贵州省工业品牌培育示范企业。

12月18日 2017 年贵州省智能制造工作现场推进会召开。

12月26日 贵州省质量技术监督局、贵州省经信委共同组织开展，委托中国品牌建设促进会具体实施的"2017 年贵州省品牌价值 30 强"评选揭晓，贵州茅台酒股份有限公司、贵阳南明老干妈风味食品有限责任公司、瓮福（集团）有限责任公司名列前三甲。

12月26日 全省脱贫攻坚表彰暨秋季攻势总结电视电话会议在贵阳召开，省委、省政府主要领导出席会议。会上，对 2017 年脱贫攻坚的 60 个先进集体和 190 名先进个人进行了表彰，贵州航天天马机电科技有限公司等企业荣获"先进集体"称号，新安航空机械有限责任公司相关人员荣获"先进个人"称号。

后　记

本书是贵州省社会科学院党建研究所与贵州省社会科学院文化研究所、贵州省社会科学院农村发展研究所、贵州省社会科学院党政办、贵州省社会科学院法律研究所等多部门合作形成的研究成果。本书对贵州省国有企业2017年履行社会责任的情况进行了全面分析和总结，并选择遵义市、安顺市、铜仁市三个地方国有企业履行社会责任的情况作为样本进行具体分析；选择茅台集团、开磷集团、瓮福集团进行随机抽样问卷调查。总体看来，在省委、省政府的大力推动下，贵州省国有企业履行社会责任特别是在脱贫攻坚中，举措有力，成效明显，得到了社会的高度认可和赞誉。

国有企业的性质、功能和定位及其在国民经济中的地位，决定了国有企业必须履行社会责任已成为企业共识。大扶贫、大数据、大生态战略的实施为国有企业履行社会责任指明了方向。随着国有企业转型升级、提质增效进程的加快，改革深化将产生一批新型、新兴国有企业，这些国有企业将具有巨大潜力，成为促进贵州省经济社会发展的新增长点。国有企业社会责任的贡献越来越大，将在贵州省脱贫攻坚打胜"四场硬仗"中发挥重要作用。

权威报告·一手数据·特色资源

皮书数据库
ANNUAL REPORT(YEARBOOK) DATABASE

当代中国经济与社会发展高端智库平台

所获荣誉

- 2016年，入选"'十三五'国家重点电子出版物出版规划骨干工程"
- 2015年，荣获"搜索中国正能量 点赞2015""创新中国科技创新奖"
- 2013年，荣获"中国出版政府奖·网络出版物奖"提名奖
- 连续多年荣获中国数字出版博览会"数字出版·优秀品牌"奖

成为会员

通过网址www.pishu.com.cn访问皮书数据库网站或下载皮书数据库APP，进行手机号码验证或邮箱验证即可成为皮书数据库会员。

会员福利

- 使用手机号码首次注册的会员，账号自动充值100元体验金，可直接购买和查看数据库内容（仅限PC端）。
- 已注册用户购书后可免费获赠100元皮书数据库充值卡。刮开充值卡涂层获取充值密码，登录并进入"会员中心"—"在线充值"—"充值卡充值"，充值成功后即可购买和查看数据库内容（仅限PC端）。
- 会员福利最终解释权归社会科学文献出版社所有。

卡号：372692881181
密码：

数据库服务热线：400-008-6695
数据库服务QQ：2475522410
数据库服务邮箱：database@ssap.cn
图书销售热线：010-59367070/7028
图书服务QQ：1265056568
图书服务邮箱：duzhe@ssap.cn

基本子库
SUB DATABASE

中国社会发展数据库（下设 12 个子库）

全面整合国内外中国社会发展研究成果，汇聚独家统计数据、深度分析报告，涉及社会、人口、政治、教育、法律等 12 个领域，为了解中国社会发展动态、跟踪社会核心热点、分析社会发展趋势提供一站式资源搜索和数据分析与挖掘服务。

中国经济发展数据库（下设 12 个子库）

基于"皮书系列"中涉及中国经济发展的研究资料构建，内容涵盖宏观经济、农业经济、工业经济、产业经济等 12 个重点经济领域，为实时掌控经济运行态势、把握经济发展规律、洞察经济形势、进行经济决策提供参考和依据。

中国行业发展数据库（下设 17 个子库）

以中国国民经济行业分类为依据，覆盖金融业、旅游、医疗卫生、交通运输、能源矿产等 100 多个行业，跟踪分析国民经济相关行业市场运行状况和政策导向，汇集行业发展前沿资讯，为投资、从业及各种经济决策提供理论基础和实践指导。

中国区域发展数据库（下设 6 个子库）

对中国特定区域内的经济、社会、文化等领域现状与发展情况进行深度分析和预测，研究层级至县及县以下行政区，涉及地区、区域经济体、城市、农村等不同维度。为地方经济社会宏观态势研究、发展经验研究、案例分析提供数据服务。

中国文化传媒数据库（下设 18 个子库）

汇聚文化传媒领域专家观点、热点资讯，梳理国内外中国文化发展相关学术研究成果、一手统计数据，涵盖文化产业、新闻传播、电影娱乐、文学艺术、群众文化等 18 个重点研究领域。为文化传媒研究提供相关数据、研究报告和综合分析服务。

世界经济与国际关系数据库（下设 6 个子库）

立足"皮书系列"世界经济、国际关系相关学术资源，整合世界经济、国际政治、世界文化与科技、全球性问题、国际组织与国际法、区域研究 6 大领域研究成果，为世界经济与国际关系研究提供全方位数据分析，为决策和形势研判提供参考。

法律声明

"皮书系列"(含蓝皮书、绿皮书、黄皮书)之品牌由社会科学文献出版社最早使用并持续至今,现已被中国图书市场所熟知。"皮书系列"的相关商标已在中华人民共和国国家工商行政管理总局商标局注册,如LOGO( )、皮书、Pishu、经济蓝皮书、社会蓝皮书等。"皮书系列"图书的注册商标专用权及封面设计、版式设计的著作权均为社会科学文献出版社所有。未经社会科学文献出版社书面授权许可,任何使用与"皮书系列"图书注册商标、封面设计、版式设计相同或者近似的文字、图形或其组合的行为均系侵权行为。

经作者授权,本书的专有出版权及信息网络传播权等为社会科学文献出版社享有。未经社会科学文献出版社书面授权许可,任何就本书内容的复制、发行或以数字形式进行网络传播的行为均系侵权行为。

社会科学文献出版社将通过法律途径追究上述侵权行为的法律责任,维护自身合法权益。

欢迎社会各界人士对侵犯社会科学文献出版社上述权利的侵权行为进行举报。电话:010-59367121,电子邮箱:fawubu@ssap.cn。

社会科学文献出版社